Classiques & Contemporains

Collection animée par
Jean-Paul Brighelli et Michel Dobransky

D1100153

La Farce
de
Maître Pierre Pathelin

Traduction, présentation, notes, questions et après-texte établis par

ANNE LETEISSIER
professeur de Lettres au collège

MAGNARD

Sommaire

Après-texte

LE GENRE DE LA FARCE

La farce a vocation de divertir et les spectateurs qui assistent à sa représentation ne sont pas regardants aux moyens utilisés : tout est bon pour exciter le rire.

La Farce de Maître Pierre Pathelin reprend le thème de la tromperie organisée, tout en critiquant de façon satirique des institutions (la justice) ou des corporations (les drapiers). Son esprit mordant a conservé toute son actualité : le thème de l'escroc lui-même escroqué se retrouve encore dans nombre de films comiques. Sur le point de réussir, ils perdent leur butin, mais conservent, comme Pathelin, leur liberté et, comme le berger, font la nique à la police et à la société.

Écrite au XVe siècle par un auteur inconnu, *La Farce de Maître Pierre Pathelin* connaît un succès d'autant plus important que rédigée en français, elle est accessible à un large public. Le français, langue vulgaire, sans grammaire ni orthographe officielles alors, différait beaucoup suivant les régions. La pièce en garde la trace en mettant en scène ces dialectes pour faire rire le spectateur : l'avocat délire en normand, en picard, en breton, mais également dans un latin de cuisine qui n'est pas sans rappeler celui utilisé quelques siècles plus tard par Sganarelle dans *Le Médecin malgré lui* de Molière. Comme toutes les farces de l'époque, *La Farce de Maître Pierre Pathelin* est écrite en octosyllabes suivis, jugés « plus plaisants » et « les rimes plates plus coulantes » selon

Thomas Sébillet, auteur d'un *Art poétique Françoys*. Il s'agit dans ce choix d'écriture non pas de « faire de la poésie », mais d'utiliser une langue simple, vive, rythmée et gaie.

On jouait la pièce sur des scènes rudimentaires, des « eschaffaults » séparés en deux par une simple toile. L'« eschaffault » était surélevé et l'échelle qui en donnait l'accès retirée pendant la représentation pour isoler ainsi l'aire de jeu. Les représentations qui se déroulaient en plein jour, pendant les foires, s'adressaient au petit peuple qu'attirait le prix modique de l'entrée.

La Farce de Maître Pierre Pathelin peut être considérée comme l'achèvement d'un genre mineur et très populaire au Moyen Âge. On y retrouve en effet les thèmes traditionnels mais débarrassés de la grossièreté et de la vulgarité qui caractérisaient ce genre de pièce. La tromperie, omniprésente, joue sur les possibilités du langage, depuis les flatteries appuyées de Pathelin dans la première scène jusqu'au célèbre « Bée ! » du berger en passant par l'expression verbale de la folie qui permet à Pathelin d'insulter le drapier en toute impunité. Ici, pas d'autre subterfuge, pas de jeux de scène excessifs, pas de paillardise, le plaisir du jeu règne : que le plus habile gagne ! Ces qualités annoncent l'émergence de la comédie, genre qui s'épanouira au XVIIe siècle, et expliquent le succès de cette pièce jusqu'à nos jours.

La Farce
de
Maître Pierre Pathelin

PERSONNAGES

MAÎTRE PIERRE PATHELIN

GUILLEMETTE

GUILLAUME JOCEAULME, LE DRAPIER

LE JUGE

THIBAULT AGNELET, LE BERGER

SCÈNE I
Pathelin
PATHELIN, GUILLEMETTE.

Maître Pierre commence.

PATHELIN : Sainte Marie ! Guillemette, quel que soit le mal que je me donne à chiper et à chaparder, nous n'arrivons pas à amasser quoi que ce soit. Quand je pense qu'avant j'étais avo-
5 cat !

GUILLEMETTE : Par Notre Dame, j'y pensais à votre métier d'avocat ! Mais il s'en faut de beaucoup qu'on vous trouve aussi savant qu'avant. Auparavant, tout le monde vous demandait pour lui gagner sa cause. Maintenant, on vous appelle partout
10 « avocat sous l'orme »[1].

PATHELIN : Pourtant, ce n'est pas pour me vanter, mais il n'y a personne dans les environs qui soit plus savant que moi, sauf le maire.

GUILLEMETTE : C'est vrai qu'il a appris la grammaire dans les
15 grimoires[2] et étudié longtemps chez un clerc[3].

---

1. Avocat sans cause.
2. Grammaire latine ; cet ouvrage incompréhensible pour la plupart est devenu un livre synonyme d'un livre de magie.
3. Homme qui a fait de longues études.

BIEN LIRE

L. 1-5 : Relevez la contradiction qui émane du personnage.

PATHELIN : À quoi voyez-vous que je ne gagnerais pas une cause, si je voulais m'y mettre ? Et même si je n'ai appris que très peu de latin, j'ose me vanter que je saurais chanter au lutrin[1] avec notre prêtre aussi bien que si j'étais allé à l'école
20 aussi longtemps que Charles[2] est allé en Espagne.

GUILLEMETTE : À quoi cela nous sert ? À rien du tout. Nous mourons bel et bien de faim, nos robes sont tout élimées[3] et râpées, et nous ne savons pas comment en avoir d'autres. Alors, à quoi nous sert toute votre science ?

25 PATHELIN : Taisez-vous ! En toute honnêteté, si je veux mettre mon esprit à contribution, je saurai bien où en trouver des robes et des chaperons[4] ! S'il plaît à Dieu, nous nous tirerons d'embarras et serons bien vite remis sur pied. Dame ! Dieu travaille en peu de temps. S'il faut que je me serve de mon expé-
30 rience, on ne trouvera pas mon égal.

GUILLEMETTE : Par saint Jacques ! Pour ce qui est de tromper, vous êtes un véritable maître.

PATHELIN : Par Dieu, ce n'est pas de cela qu'il s'agit, mais bel et bien de plaidoirie.

35 GUILLEMETTE : Par ma foi non, ce sera de la tromperie ! Je me rends bien compte que sans aucune instruction et bon sens, on vous tient pour un des plus débrouillards de toute la paroisse.

---

1. Pupitre sur lequel on pose les livres de chant pour la messe.
2. Charlemagne
3. Usées.
4. Sortes de capuche qui couvraient aussi les épaules, et qu'on portait au Moyen Âge.

PATHELIN : Personne ne s'y connaît mieux que moi en plai-
40 doirie.

GUILLEMETTE : Par Dieu non, mais en tromperie, ça oui ! Du
moins en avez-vous la réputation.

PATHELIN : C'est pareil avec ceux qui portent des robes riches
et précieuses, qui se disent avocats et pourtant ne le sont pas du
45 tout. Laissons tomber ce bavardage : je veux aller à la foire.

GUILLEMETTE : À la foire ?

PATHELIN : Par saint Jean, oui, sans doute. *(Il fredonne)* « À la
foire, gentille marchande... » *(Parlé)* Cela vous déplairait-il si je
marchandais du drap, ou n'importe quoi d'autre d'utile pour
50 notre ménage ? Nous n'avons plus un vêtement digne de ce
nom.

GUILLEMETTE : Vous n'avez pas un sou vaillant, que ferez-
vous à la foire ?

PATHELIN : Vous ne savez pas, belle dame, ce que vous dites.
55 Si je ne vous rapporte pas du drap en quantité plus que suffi-
sante pour nous deux, alors là, sans hésiter, vous pourrez me
traiter de menteur. Quelle couleur préférez-vous, un gris-vert ?
Un drap de Bruxelles[1] ? un autre ? J'ai besoin de savoir.

GUILLEMETTE : Celui que vous pourrez avoir. Qui emprunte
60 ne choisit pas.

PATHELIN, *en comptant sur ses doigts* : Pour vous, il faut deux
aunes[2] et demie, et pour moi, trois, et même quatre ; ça fait...

---

1. Variété de drap.
2. Ancienne mesure de longueur d'environ 1,18 m.

GUILLEMETTE : Vous comptez largement. Qui diable vous les prêtera ?

65   PATHELIN : Que vous importe ? On me les prêtera bel et bien et à ne rendre que le jour du Jugement dernier, car avant pas question.

GUILLEMETTE : Allez-y, mon ami, sur ce point il y en aura un qui sera roulé.

70   PATHELIN : J'achèterai du gris ou du vert, et pour faire une flanelle[1], Guillemette, il me faut un quart d'aune de brunette[2] ou même une aune.

GUILLEMETTE : Avec l'aide de Dieu, oui, c'est ça. Allez, et n'oubliez pas de boire si vous rencontrez Martin Garant[3].

75   PATHELIN : Prenez soin de tout.

Il part.

GUILLEMETTE : Hé Dieu ! À quel marchand va-t-il s'adresser ? Plaise à Dieu qu'il ne se rende compte de rien !

---

1. Vêtement de lainage doux.
2. Étoffe d'une couleur foncée.
3. Expression utilisée pour désigner celui qui paye les frais des autres.

BIEN LIRE

L. 68-69 : Que veut dire Guillemette ?

SCÈNE II
Devant l'étal du drapier
PATHELIN, LE DRAPIER.

PATHELIN : Est-ce bien lui ? Je n'en suis pas sûr. Hé ! mais si, c'est lui, par sainte Marie ! Il travaille dans la draperie. *(Saluant le drapier)* Dieu soit avec vous.

GUILLAUME JOCEAULME, DRAPIER : Que Dieu vous apporte
5 de la joie !

PATHELIN : Par Dieu, j'avais très envie de vous voir. Comment vous portez-vous ? Êtes-vous en pleine forme, Guillaume ?

LE DRAPIER : Oui, grâce à Dieu.

10 PATHELIN : Serrez-moi la main ! Comment allez-vous ?

LE DRAPIER : Eh bien, comme vous le voyez, tout à votre service. Et vous-même ?

PATHELIN : Par saint Pierre, comme votre serviteur. Tout va-t-il comme vous le désirez ?

15 LE DRAPIER : Ah ! oui ! Les marchands, sachez-le, ne font pas toujours tout ce qu'ils veulent.

PATHELIN : Comment marche le commerce ?
Vous pouvez quand même vivre et vous nourrir ?

BIEN LIRE

L. 6 : « Par Dieu, j'avais très envie de vous voir. » ; pourquoi cette phrase est-elle à double sens ?

LE DRAPIER : Hé ! Avec l'aide de Dieu, mon cher monsieur, je
20 ne sais pas. C'est toujours : « Hue, en avant ! »

PATHELIN : Ha ! que votre père était un homme sage – que
Dieu ait son âme – Bonne mère ! À mon avis, très franchement,
vous tenez de lui. Quel habile et bon marchand c'était ! Vous
lui ressemblez de visage, par Dieu, comme son véritable por-
25 trait ! Si Dieu eut jamais pitié d'une de ses créatures, qu'il pardonne à son âme.

LE DRAPIER : Amen ! et pour nous, quand il lui plaira.

PATHELIN : Par ma foi, il a souvent prédit, et avec détails, les
temps que nous vivons maintenant. Je m'en suis souvenu à plu-
30 sieurs reprises. Et, à l'époque, on le tenait pour un homme esti-
mable.

LE DRAPIER : Asseyez-vous, beau sire, il est bien temps de
vous le dire, mais je manque à tous mes devoirs.

PATHELIN : Je suis bien ainsi. Par Jésus-Christ ! Il avait...

35 LE DRAPIER : Je vous en prie, asseyez-vous !

PATHELIN : Volontiers. *(Il s'assied.)* « Ah ! vous verrez, me
disait-il, des choses étonnantes ! » Que Dieu me pardonne,
jamais un enfant ne ressembla plus à son père des oreilles, du
nez, de la bouche et des yeux. Et cette fossette ! Vraiment,
40 c'est vous tout craché ! Et celui qui dirait à votre mère que

---

BIEN LIRE   L. 32-33 : Qu'est-ce qui décide le drapier à être si aimable ?

vous n'êtes pas le fils de votre père chercherait vraiment la dis-
cussion. Réellement, je ne peux pas imaginer comment la
Nature, dans ses œuvres, a pu faire deux visages aussi semblables. Et vous êtes marqués l'un comme l'autre ; si on vous
45 avait crachés tous les deux contre un mur de la même
manière, vous seriez tout aussi identiques. Et, sire, la bonne
Laurence, votre belle-tante, est-elle morte ?

LE DRAPIER : Non, par le diable.

PATHELIN : Quelle grande belle femme droite et gracieuse
50 c'était ! Par la précieuse mère de Dieu, vous lui ressemblez de
taille, comme deux flocons de neige. Dans ce pays, il me semble
qu'il n'y a pas de famille dont les membres se ressemblent
autant que la vôtre. Par Dieu le Père *(Il regarde le drapier plus
fixement encore.)*, plus je vous vois, plus je vois votre père ; vous
55 lui ressemblez exactement comme deux gouttes d'eau. Quel
garçon intelligent c'était ! Le bon, l'honnête homme, et lui, il
faisait crédit à qui le voulait. Dieu lui pardonne ! Il avait l'habi-
tude de rire de bon cœur avec moi. Plût à Jésus-Christ que le
pire de ce monde lui ressemble ! On ne se volerait ni se
60 dépouillerait l'un l'autre comme on le fait. *(Il se lève et touche
une pièce d'étoffe.)* Quel beau drap vous avez ! qu'il est souple,
doux et élégant !

BIEN LIRE

L. 49-57 : Quelle est la qualité essentielle du père du drapier ?
L. 57-60 : Que veut dire Pathelin ?

LE DRAPIER : Je l'ai fait faire exprès, avec la laine de mes bêtes.

PATHELIN : Eh bien, vous êtes un homme d'ordre, vous ! Vous
65 ne désavouez pas vos origines, et jamais, jamais vous n'arrêtez
de travailler !

LE DRAPIER : Que voulez-vous ? Il faut trimer[1] pour qui veut
vivre et s'en sortir.

PATHELIN, *touchant une autre pièce* : Celui-ci est-il teint avant
70 d'être tissé ? Il est solide comme du cuir.

LE DRAPIER : C'est un excellent drap de Rouen, je vous le promets, et bien foulé[2].

PATHELIN : Ah ! vraiment je suis très tenté. Pourtant, je
n'avais pas du tout l'intention d'acheter du drap en venant, je
75 le jure. J'avais mis de côté quatre-vingts écus[3] pour racheter une
rente[4], mais vous en aurez vingt ou trente, je le sens bien, car la
couleur me plaît tellement que j'en suis malade d'envie !

LE DRAPIER : Des écus ? Pourquoi pas ! Mais ceux à qui vous
rachetez la rente accepteront-ils une autre monnaie ?

80 PATHELIN : Eh oui, c'est du pareil au même ! si je le veux. *(Il
touche une troisième pièce.)* Quel drap est-ce donc là ? C'est vrai,
plus je le vois, plus il me fait envie. Il m'en faut une robe et une
aussi pour ma femme.

LE DRAPIER : Ce drap coûte vraiment une fortune. Vous pou-

---

1. Travailler dur.
2. Bien travaillé. Fouler le drap, c'est en resserrer les fibres par pression afin de donner de l'épais-
seur et du moelleux au tissu.
3. Monnaie d'or frappée avec le blason de France sur une des faces.
4. Rembourser un prêt.

85 vez en avoir, si vous le désirez : dix ou vingt francs y seront vite passés.

PATHELIN : Le prix m'importe peu ! J'ai des deniers[1] et des mailles[2] qui n'ont connu ni père ni mère.

LE DRAPIER : Dieu soit loué ! Par notre Saint Père, cela ne me
90 déplaît pas du tout.

PATHELIN : En bref, j'ai très envie de cette pièce de drap, il me la faut.

LE DRAPIER : Très bien, d'abord il faut décider combien vous en voulez. Je suis à votre service, toute la pile, même si vous
95 n'aviez pas un sou.

PATHELIN : Je le sais bien et vous en remercie.

LE DRAPIER : Voulez-vous de ce bleu clair-là ?

PATHELIN : Avant, combien me coûtera l'aune ? Dieu sera payé dans les premiers, c'est normal : voici un denier, ne faisons
100 rien qui soit sans l'aide de Dieu.

LE DRAPIER : Par Dieu, vous parlez en honnête homme, et vous m'en voyez réjoui. Le voulez-vous sans marchander ?

PATHELIN : Oui.

LE DRAPIER : Chaque aune vous coûtera vingt-quatre sous[3].

105 PATHELIN : Cela n'est pas possible ! Vingt-quatre sous ? Sainte Dame !

---

1. Ancienne monnaie.
2. La plus petite monnaie, elle vaut un demi-denier.
3. Vingt-quatre sous valent un écu. La valeur du sou variait suivant les régions.

BIEN LIRE

L. 87 : « Le prix m'importe peu ! » ; en quoi est-ce comique ?

L. 94-95 : « Même si vous n'aviez pas un sou » ; expliquez le comique de cette expression.

LE DRAPIER : C'est ce qu'il m'a coûté, je vous le jure ! Il m'en faut autant si vous le prenez.

PATHELIN : Dame ! C'est trop !

110 LE DRAPIER : Ah ! Vous ne savez pas comme le drap a augmenté ! Tout le bétail a péri du froid cet hiver[1].

PATHELIN : Vingt sous ! Vingt sous !

LE DRAPIER : Et moi je vous jure que j'en aurai ce que j'en demande. Maintenant attendez samedi : vous verrez ce qu'il 115 vaut ! La toison, qu'on trouvait à foison[2], m'a coûté, à la Sainte-Madeleine, huit blancs de laine, parole d'honneur, alors qu'avant j'en avais pour quatre.

PATHELIN : Par le sang bleu, puisque c'est comme ça, je l'achète sans discuter plus. Allez ! Mesurez !

120 LE DRAPIER : Mais dites-moi combien vous en voulez.

PATHELIN : C'est bien facile à dire : en quelle largeur est-il ?

LE DRAPIER : Celle de Bruxelles.

PATHELIN : Trois aunes pour moi, et pour ma femme (elle est grande) deux et demie, ça fait six aunes, n'est-ce pas ? Eh non, 125 que je suis bête !

LE DRAPIER : Il s'en faut d'une demi-aune pour en faire six, justement.

PATHELIN : J'en prendrai six tout bonnement, il me faut aussi un chaperon.

---

1. Allusion à l'hiver vigoureux qui était encore d'actualité quand la farce a été écrite. Elle évoque l'hiver de 1434.
2. En abondance.

130 LE DRAPIER : Tenez-le là, nous allons les mesurer largement. *(Ils mesurent ensemble.)* Une, et deux, et trois, et quatre, et cinq et six.

PATHELIN : Ventre saint Pierre ! C'est ric-rac.

LE DRAPIER : Dois-je le mesurer à nouveau ?

135 PATHELIN : Non, par le diable ! Ça ne se joue pas sur grand-chose. À combien se monte le tout ?

LE DRAPIER : Nous le saurons vite : à vingt-quatre sous l'aune, pour les six, cela nous fait neuf francs.

PATHELIN : Hum ! Pour une fois ! Cela fera donc six écus ?

140 LE DRAPIER : Par Dieu, oui.

PATHELIN : Eh bien, monsieur, voulez-vous me les laisser à crédit, jusqu'à tout à l'heure, quand vous viendrez chez moi ? *(Le drapier fronce le sourcil.)* Non, pas à crédit. Vous prendrez l'argent chez moi, en or ou en monnaie.

145 LE DRAPIER : Par Notre Dame, cela me fait faire un grand détour d'aller par là.

PATHELIN : Hé ! Ce n'est pas tout à fait exact, par monsei-gneur saint Gilles. Vous l'avez très bien dit : vous ferez un détour ! c'est bien cela ! Vous ne cherchez jamais une occasion 150 de venir boire chez moi, eh bien, cette fois vous y boirez.

LE DRAPIER : Eh, par saint Jacques, je ne fais pas autre chose

BIEN LIRE

L. 135-136 : « Ça ne se joue pas sur grand-chose. » ; comment peut-on comprendre cette phrase ?

que boire. Je viendrai, mais ce n'est pas bien de vendre à crédit au premier client du jour, vous savez.

PATHELIN : Cela ne vous suffit-il pas que je paye ce premier
155 achat en écus d'or et non en petite monnaie ? Et en plus, vous mangerez l'oie que ma femme fait rôtir, par Dieu.

LE DRAPIER, *à part* : Cet homme me rend vraiment idiot. *(À Pathelin)* Allez devant maintenant, et moi je vous suivrai et porterai le drap.

160 PATHELIN : Mais pas du tout ! En quoi cela me gênera-t-il de porter ce drap sous le bras ? En rien du tout.

LE DRAPIER : Ne vous inquiétez pas, il vaut mieux que je le porte moi, ce sera plus honnête.

PATHELIN : Que la sainte Madeleine m'envoie sa malédiction
165 si vous prenez cette peine ! J'ai bien dit : sous le bras. *(Il met le drap sous sa robe.)* Cela me fera là une belle bosse ! Ah ! ça ira très bien. Il y aura à boire et à manger chez moi avant que vous ne repartiez.

LE DRAPIER : Je vous prie de me donner mon argent dès que
170 j'arriverai.

PATHELIN : Je le ferai. Et, par Dieu, non, je ne le ferai pas avant que vous ayez pris votre repas complètement ; et je ne

BIEN LIRE

L. 155-156 : Pourquoi Pathelin ajoute-t-il l'oie rôtie ?

L. 157 : « Cet homme me rend vraiment idiot. » ; que révèle cette réplique du drapier ?

L. 162-163 : En quoi consiste le jeu de mots ?

L. 165-166 : Comment Pathelin parvient-il à rendre son geste serviable ?

voudrais pas avoir sur moi de quoi vous payer. Ainsi, vous viendriez goûter mon vin. Feu votre père[1], en passant, criait toujours : « Compère ! » ou « Que dis-tu ? » ou « Que fais-tu ? » ; mais vous, les riches, vous n'avez que mépris pour les pauvres gens.

LE DRAPIER : Et par le sang bleu[2], c'est nous les plus pauvres !

PATHELIN : Ouais ! Adieu ! Adieu ! Rendez-vous tout à l'heure au lieu dit et nous boirons bien, je vous le promets.

LE DRAPIER : Entendu. Allez devant et que j'aie mon or.

PATHELIN, *en partant* : De l'or ? Et quoi encore ? De l'or ! Par le diable ! Je n'y manquerai pas. *(À part)* Non ! De l'or ! Qu'il soit pendu ! Dame ! Il ne me l'a pas vendu à mon prix mais au sien, mais il sera payé au mien. Il lui faut de l'or ! On le bernera[3] ! S'il court jusqu'à ce qu'il soit payé, il fera plus de chemin qu'il y en a d'ici à Pampelune[4].

LE DRAPIER, *seul* : Les écus qu'il me donnera ne verront ni le soleil, ni la lune de toute l'année[5], à moins qu'on ne me les vole. Il n'est si grand acheteur qui ne trouve vendeur plus fort. Ce trompeur-là est bien bête, il a pris pour vingt-quatre sous l'aune un drap qui n'en valait pas vingt !

---

1. Votre père mort depuis longtemps.
2. Par le sang de Dieu. « Bleu » est une altération de Dieu afin d'éviter le blasphème.
3. Trompera.
4. Ville du Sud-Ouest de la France à l'époque.
5. Cette expression signifie qu'il les gardera dans un coffre.

BIEN LIRE

L. 184-185 : Comment comprenez-vous l'expression ?
L. 188-192 : Pourquoi la dernière réplique du drapier est-elle comique ?

SCÈNE III
Chez Pathelin
PATHELIN, GUILLEMETTE.

PATHELIN : Alors, j'en ai, oui ou non ?

GUILLEMETTE : De quoi ?

PATHELIN : Qu'est devenue votre vieille robe toute droite et démodée ?

5 GUILLEMETTE : C'est bien le moment d'en parler ! Que voulez-vous en faire ?

PATHELIN : Rien ! Rien ! Est-ce que j'en ai ou non ? Je l'avais bien dit. *(Il découvre le drap.)* Est-ce qu'il n'y a pas de drap ici ?

GUILLEMETTE : Sainte Marie ! Par mon âme, il vient de
10 quelque mauvais tour. Seigneur, d'où le tenez-vous ? Hélas ! Hélas ! Qui le paiera ?

PATHELIN : Vous vous demandez qui le paiera ? Par saint Jean, il est déjà payé. Le marchand qui me l'a vendu n'est pas si détraqué, ma chère. Que je sois pendu par le cou s'il n'est pas roulé
15 dans la farine[1]. Ce méchant rusé en sera sur le cul.

GUILLEMETTE : Combien cela coûte-t-il donc ?

PATHELIN : Je ne dois rien ; il est payé, ne vous en faites pas.

GUILLEMETTE : Vous n'aviez pas un sou. Il est payé ? En quelle monnaie ?

---

1. S'il n'est pas trompé.

20 PATHELIN : Palsambleu, si, j'avais de l'argent, madame, j'avais un denier de Paris[1].

GUILLEMETTE : C'est bien ça, allez ! Une obligation ou une reconnaissance de dette[2] a fait l'affaire. C'est comme ça que vous l'avez obtenu. Mais quand le terme[3] sera écoulé, on vien-

25 dra et on saisira tout ce que nous possédons.

PATHELIN : Palsambleu, tout ça ne m'a coûté qu'un denier.

GUILLEMETTE : Sainte Marie ! Qu'un denier ? Ce n'est pas possible !

PATHELIN : Je vous laisse arracher cet œil-là si je lui ai donné

30 plus ou s'il en obtiendra plus que ce que je lui ai donné. Jamais il ne saura chanter assez bien.

GUILLEMETTE : Et qui est-ce ?

PATHELIN : C'est un certain Guillaume qui s'appelle Joceaulme de nom de famille, si vous voulez le savoir.

35 GUILLEMETTE : Mais comment l'avez-vous eu pour un denier ? Par quel tour ?

PATHELIN : C'était le denier de Dieu. Et encore, si j'avais dit « topez là ! », j'aurais gardé mon denier. Quoi qu'il en soit, c'est du bon travail. Ils partageront ce denier, Dieu et lui, s'ils en ont

40 envie, car c'est tout ce qu'ils obtiendront. Ils auront beau chanter, crier, se plaindre, ça ne servira à rien.

---

1. La valeur du denier variait d'une région à l'autre.
2. Acte par lequel le débiteur s'attache à rembourser un emprunt.
3. Date limite de paiement.

BIEN LIRE

L. 20-21 : En quoi cette remarque de Pathelin est-elle comique ?

GUILLEMETTE : Comment a-t-il pu accepter de vous le prêter, lui qui est si dur à la détente ?

PATHELIN : Par sainte Marie la Belle, je l'ai si bien flatté et
45 porté aux nues[1] que c'est tout juste s'il ne me l'a pas donné. Je lui ai dit que feu son père était un homme extraordinaire. « Ha ! ai-je dit, mon ami, vous appartenez vraiment à une bonne famille ! » « Vous faites partie, ai-je continué, de la famille la plus respectable qui soit dans toute la contrée. » Mais je peux le
50 dire entre nous, il est issu d'une belle tribu de canailles, la pire engeance[2] qui soit dans ce royaume je crois bien ! « Ha ! dis-je mon ami Guillaume, comme vous ressemblez à votre bon père, physiquement et moralement ! » Dieu sait toutes les flatteries que j'accumulais et que j'entremêlais tout en parlant de
55 sa draperie. « Et puis, ai-je dit, Bonne Mère ! comme il vendait gentiment ses marchandises à crédit ! – si aimablement ! C'est vous tout craché ! » ai-je ajouté. Pourtant, on aurait pu arracher toutes les dents de cet affreux marsouin qu'était le père, et toutes celles de son babouin de fils avant qu'ils ne prêtent ceci
60 ou qu'ils disent un mot aimable. Mais quoi qu'il en soit, je l'ai si bien étourdi de paroles et de bavardages qu'il m'a prêté six aunes de tissu.

GUILLEMETTE : Et qu'on ne rendra jamais, vraiment ?

PATHELIN : C'est comme ça que vous devez l'entendre.
65 Rendre ? On lui rendra plutôt le diable !

---

1. Loué, complimenté.
2. Race d'animal puis, de façon péjorative, race humaine.

GUILLEMETTE : Cela me rappelle la fable du corbeau perché sur une croix de cinq à six toises[1] de haut, qui tenait un fromage dans son bec. Un renard est arrivé et a vu le fromage. Il s'est dit : « Comment pourrai-je l'avoir ? » Alors, il s'est mis en
70 dessous du corbeau et lui a dit : « Ha ! Que tu es beau et que ton chant est mélodieux ! » Le corbeau, dans sa bêtise, entendant vanter ainsi son chant, a ouvert son bec pour chanter, son fromage est tombé par terre et maître Renard l'a saisi entre ses dents et l'a emporté. C'est la même chose, j'en suis sûre, pour
75 ce drap. Vous l'avez appâté en le flattant, puis attrapé en faisant le beau parleur comme a fait Renard pour le fromage. Vous l'avez eu par supercherie.

PATHELIN : Il doit venir ici manger de l'oie. Mais voici ce qu'il faudra faire. Je suis sûr qu'il va venir brailler pour avoir rapide-
80 ment son argent. J'ai pensé à un bon tour : je vais me mettre au lit comme si j'étais malade et quand il viendra, vous lui direz : « Chut ! parlez bas ! » et vous gémirez en faisant triste figure. « Hélas ! direz-vous, il est malade depuis deux mois ou six semaines. » Et s'il vous répond : « Vous dites des bourdes[2] ; il
85 était avec moi à l'instant, vous lui direz : « Hélas ! ce n'est pas le moment de plaisanter » et vous me laisserez le duper[3], car c'est tout ce qu'il aura.

---

1. Mesure de longueur de deux mètres environ.
2. Bêtises.
3. Tromper.

BIEN LIRE

L. 65 : « On lui rendra plutôt le diable ! » ; que veut dire Pathelin ?
L. 66-77 : À quel auteur ce passage fait-il penser ?

GUILLEMETTE : Par mon âme, je saurai bien le faire. Mais si vous vous faites prendre à nouveau et que la justice s'en mêle

90 encore, il vous arrivera deux fois pire que la dernière fois.

PATHELIN : Silence ! Je sais bien ce que je fais. Faites ce que je vous dis.

GUILLEMETTE : Rappelez-vous le samedi où on vous a mis au pilori[1]. Vous savez ce que chacun vous a hué pour votre four-

95 berie[2].

PATHELIN : Laissez tomber ce bavardage, il va arriver d'un instant à l'autre. Il faut que nous gardions ce drap. Je vais me coucher.

GUILLEMETTE : Allez-y donc.

100 PATHELIN : Et ne riez pas !

GUILLEMETTE : Sûrement pas ! Je pleurerai à chaudes larmes.

PATHELIN : Il faut que nous soyons bien fermes pour qu'il tombe dans le panneau.

---

1. Carcan dans lequel on attachait ceux qui étaient condamnés à être exposés sur la place publique.
2. Tromperie.

BIEN LIRE

L. 96 : « Laissez tomber ce bavardage » ; pourquoi Pathelin conclut-il ainsi ?

L. 88-95 : Commentez l'attitude de Guillemette.

SCÈNE IV
Chez le drapier
LE DRAPIER.

LE DRAPIER : Il est temps que je boive quelque chose avant de partir. Hé! non, il ne faut pas! Je dois aller boire et manger de l'oie chez Maître Pierre Pathelin, et en même temps je recevrai mon argent. Je mangerai là au moins un bon morceau sans rien
5 dépenser. J'y vais, je ne peux plus rien vendre.
   (Il arrive devant la maison de Pathelin.)

SCÈNE V
Devant, puis dans la maison de Pathelin
LE DRAPIER, GUILLEMETTE.

LE DRAPIER : Holà ! Maître Pierre !

GUILLEMETTE, *entrebâillant la porte* : Hélas ! messire, au nom de Dieu, si vous avez quelque chose à dire, dites-le plus bas.

LE DRAPIER : Dieu vous garde, madame.

5 GUILLEMETTE : Chut ! Plus bas !

LE DRAPIER : Et pourquoi ?...

GUILLEMETTE : Par mon âme...

LE DRAPIER : Où est-il ?

GUILLEMETTE : Hélas ! Où doit-il être ?

10 LE DRAPIER : Qui... ?

GUILLEMETTE : Ha ! c'est mal parler, mon maître ! Où il est ? Par la grâce de Dieu, il garde la chambre, le pauvre martyr, depuis onze semaines, sans bouger.

LE DRAPIER : Qui... ?

15 GUILLEMETTE : Excusez-moi, je n'ose pas parler fort, je crois qu'il se repose : il s'est un peu assoupi, hélas ! il est si accablé, le pauvre homme !

LE DRAPIER : Qui ?

GUILLEMETTE : Maître Pierre.

20 LE DRAPIER : Ah oui ! Mais n'est-il pas venu chercher six aunes de drap, juste maintenant ?

GUILLEMETTE : Qui ? Lui ?

LE DRAPIER : Mais il en vient juste maintenant, il n'y a pas un quart d'heure. Payez-moi tout de suite ! Diable ! Je n'ai pas de temps à perdre. Assez tergiversé[1]. Mon argent !

GUILLEMETTE : Eh ! sans rigoler ! Ce n'est pas le moment de rigoler.

LE DRAPIER : Allez ! mon argent ! Vous êtes folle ? Il me faut neuf francs.

GUILLEMETTE : Ah ! Guillaume, il ne faut pas nous prendre pour des fous ! Vous me lancez des piques ? Allez plaisanter avec les sots qui voudraient jouer avec vous.

LE DRAPIER : Que je renie Dieu, si je n'ai pas mes neuf francs !

GUILLEMETTE : Hélas ! monsieur, tout le monde n'a pas envie de rire ou de plaisanter comme vous.

LE DRAPIER : Dites, je vous en prie, sans plaisanter, faites venir Maître Pierre, pour l'amour de Dieu.

GUILLEMETTE : Allez au Diable ! Est-ce que ça va durer toute la journée ?

LE DRAPIER : Est-ce que je ne suis pas ici chez Maître Pierre Pathelin ?

GUILLEMETTE : Si. Que la folie vous prenne le cerveau. Parlez bas !

LE DRAPIER : Que le diable y soit ! Et je n'oserai pas le déranger ?

GUILLEMETTE : Mon Dieu ! Plus bas, si vous ne voulez pas qu'il se réveille.

---

1. Hésité, cherché des faux-fuyants.

LE DRAPIER : Bas ? Comment ça « bas », voulez-vous qu'on parle dans le creux de l'oreille ? au fond du puits ? ou de la cave ?

50   GUILLEMETTE : Non ! Dieu, que vous avez du caquet[1] ! Parler fort, c'est votre spécialité.

LE DRAPIER : Que le diable s'en mêle ! Maintenant que j'y pense, vous voulez que je parle bas... Voyez-vous ça ! Je ne sais pas le faire dans des conditions pareilles. C'est vrai que Maître
55 Pierre a pris aujourd'hui six aunes de drap.

GUILLEMETTE, *élevant la voix* : Mais qu'est-ce que c'est que ça ? Est-ce que ça va encore durer longtemps ? C'est le diable qui s'en mêle ! Voyons ! Comment ça « pris » ? Ah ! sire, qu'on pende celui qui ment ! Le pauvre homme est dans un tel état,
60 qu'il n'a pas quitté le lit depuis onze semaines ! Quelles bêtises venez-vous nous servir ? Est-ce bien raisonnable ? Vous allez dégager le plancher. Par Dieu, que je suis malheureuse !

LE DRAPIER : Vous me demandez de parler bas et vous, vous criez !

65   GUILLEMETTE, *bas* : C'est vous qui ne parlez que pour me chercher noise[2] !

LE DRAPIER : Eh bien ! Pour que je m'en aille, donnez-moi...

GUILLEMETTE, *s'oubliant encore et criant* : Parlez plus bas. Allez-vous vous décider à le faire ?

---

1. Bavardage.
2. Chercher querelle.

BIEN LIRE

L. 48 : « Bas » ; en quoi consiste le jeu de mots ?

L. 54-55 : Comment comprenez-vous l'expression ?

70 LE DRAPIER : Mais c'est vous-même qui allez le réveiller, vous parlez quatre fois plus haut que moi, par Dieu ! Je vous prie de me payer.

GUILLEMETTE : Mais qu'est-ce que vous racontez ? Êtes-vous ivre ou fou ? Mon Dieu !

75 LE DRAPIER : Ivre ? N'en déplaise à saint Pierre, voilà une question ?

GUILLEMETTE : Hélas ! Plus bas.

LE DRAPIER : Je vous demande, madame, le prix de six aunes de drap, par saint Georges.

80 GUILLEMETTE, *à part, puis plus haut* : On vous le fabrique ! Et à qui l'avez-vous donné ?

LE DRAPIER : À lui-même.

GUILLEMETTE : Il a bien besoin de drap en ce moment ! Hélas, il ne peut pas bouger. Il n'a que faire d'une robe, il ne
85 revêtira d'autre robe qu'un drap blanc et ne partira d'ici que les pieds devant.

LE DRAPIER : Ça lui est donc arrivé depuis le lever du soleil, car je lui ai bel et bien parlé ce matin.

GUILLEMETTE, *d'une voix perçante* : Vous avez la voix bien
90 haut perchée, parlez plus bas, par pitié.

LE DRAPIER : En vérité, c'est plutôt vous ! C'est vous-même,

BIEN LIRE

L. 56-90 : Relisez les différentes didascalies. Quelles remarques peut-on faire ?
L. 83-86 : Que signifient les paroles de Guillemette ?

nom de Dieu! Par le sang bleu, quel ennui! Payez-moi donc que je m'en aille! *(À part)* Par Dieu, toutes les fois que je fais crédit, c'est tout ce que je récolte.

95 PATHELIN, *couché*: Guillemette! Un peu d'eau rose[1]! Redressez-moi, et calez-moi bien le dos. Zut! À qui je parle? L'aiguière[2]! À boire! Frottez-moi la plante des pieds!

LE DRAPIER: Là! Je l'entends!

GUILLEMETTE: C'est vrai.

100 PATHELIN: Ah! méchante, viens ici! T'ai-je demandé d'ouvrir les fenêtres? Viens me couvrir. Chasse ces gens tout noirs! Marmara, carimari, carimara[3]. Amenez-les-moi, amenez-les.

GUILLEMETTE, *de l'intérieur*: Quoi? Comme vous vous
105 démenez! Perdez-vous la tête?

PATHELIN: Tu ne vois pas ce que je sens. *(Il s'agite.)* Voilà un moine noir qui vole! Prends-le et jette-lui une étole[4]. Au chat, au chat[5]! Comme il monte!

GUILLEMETTE: Et qu'est-ce que c'est? Vous n'avez pas
110 honte? Ah! par Dieu, vous remuez trop.

PATHELIN, *retombant épuisé*: Ces médecins m'ont tué avec leurs horribles drogues qu'ils m'ont fait boire! Et il faut toujours les croire. Ils nous façonnent comme de la cire.

---

1. Breuvage qui, dans les romans courtois, ranime les amoureux.
2. Carafe à eau.
3. Formule magique qui permet de chasser les démons.
4. Bande de tissu, semblable à une écharpe, que porte le prêtre sur son surplis. C'est un des insignes de sa fonction. On la met au cou des possédés.
5. Le chat est un animal lié au diable.

GUILLEMETTE *au drapier*: Hélas! Venez donc le voir, mon
115 bon monsieur. Il est très gravement malade!

LE DRAPIER *entre*: Sérieusement, est-il tombé malade depuis
qu'il est rentré de la foire?

GUILLEMETTE: De la foire?

LE DRAPIER: Par saint Jean, oui, je crois bien qu'il est venu.
120 *(À Pathelin)* Maître Pierre, vous devez me donner l'argent du
drap que je vous ai prêté.

PATHELIN, *feignant de prendre le drapier pour un médecin*:
Ha! maître Jean, j'ai chié deux petites crottes plus dures que de
la pierre, toutes noires et rondes comme des billes. Dois-je
125 prendre un autre clystère[1]?

LE DRAPIER: Qu'est-ce que j'en sais? Et qu'est-ce que cela me
fait? Il me faut neuf francs ou six écus.

PATHELIN: Ces trois choses noires et pointues, vous appelez
ça des pilules[2]? Elles m'ont abîmé les mâchoires! Par Dieu, ne
130 m'en donnez plus à prendre, maître Jean, elles m'ont fait tout
rendre. Ah! il n'y a rien de plus amer.

LE DRAPIER: Tout rendre? Certes non, par l'âme de mon
père, vous ne m'avez pas rendu mes neuf francs.

GUILLEMETTE: On devrait les pendre haut et court ces casse-

---

1. Lavement.
2. Ce sont en fait des suppositoires.

BIEN LIRE

L. 132: « Tout rendre? » ; où est le jeu
de mots ?

135 pieds ! Allez-vous-en, par tous les diables, puisque Dieu n'y peut rien.

LE DRAPIER : Par ce Dieu qui m'a fait naître, je récupérerai mon drap ou mes neuf francs avant de partir.

PATHELIN : Et mes urines, ne vous disent-elles pas que je vais 140 mourir ? Hélas ! Quoi que j'endure, Dieu fasse que je ne passe pas le pas !

GUILLEMETTE *au drapier* : Allez-vous-en donc ! Est-ce charitable de lui casser ainsi la tête ?

LE DRAPIER : Seigneur Dieu ! Six aunes de drap... Mais dites-145 moi donc, franchement dois-je me résigner à les perdre ?

PATHELIN : Si vous pouviez rendre ma merde plus molle, maître Jean ! Elle est si dure que je ne sais pas comment je le supporte lorsqu'elle me sort du derrière.

LE DRAPIER : Il me faut neuf francs sans attendre et que, par 150 saint Pierre de Rome...

GUILLEMETTE : Hélas ! Comme vous le tourmentez, ce pauvre homme ! Comment pouvez-vous être si dur ? Vous voyez bien qu'il vous prend pour un médecin. Hélas, le pauvre chrétien a assez de malheur, onze semaines qu'il est cloué ici, le 155 malheureux !

LE DRAPIER : Par le sang bleu, je ne comprends pas comment

BIEN LIRE **L. 122-150 : Quels éléments appartiennent à la farce ?**

cet accident lui est arrivé, car il est venu aujourd'hui même et nous avons marchandé tous les deux, du moins il me semble, ou je n'y comprends plus rien.

160 GUILLEMETTE : Par Notre Dame, mon bon ami, vous n'avez pas une bonne mémoire. Croyez-moi, vous devriez aller un peu vous reposer sans faute. Beaucoup de gens pourraient dire que vous n'êtes venu ici que pour moi. Allez, sortez, les médecins vont arriver ici même.

165 LE DRAPIER : Je me moque de ce que l'on peut penser, car moi, je ne pense pas à mal. *(À part)* Et, nom de Dieu, en suis-je là ? *(À Guillemette)* Sur la tête de Dieu, je pensais...

GUILLEMETTE : Encore ?...

LE DRAPIER : Et vous n'avez pas d'oie sur le feu ?

170 GUILLEMETTE : Voilà une belle demande ! Hé ! sire, ce n'est pas là une viande pour les malades. Allez manger vos oies sans venir nous narguer ! Par ma foi, vous êtes bien culotté.

LE DRAPIER : Je vous en prie, ne le prenez pas mal, car je croyais vraiment...

175 GUILLEMETTE : Encore ?

LE DRAPIER : Par le saint sacrement ! ... Adieu ! *(Devant la maison, à part)* Dame, je vais bien finir par comprendre. Je sais bien que l'on me doit six aunes, en une seule pièce, mais cette

BIEN LIRE

L. 160-164 : Pourquoi Guillemette laisse-t-elle supposer au drapier qu'il perd la mémoire ? Que veut-elle lui faire croire ?

femme m'embrouille complètement. Je les lui ai bien données.
180 Il ne les a pas. Cela ne colle pas : je viens de le voir lutter contre
la mort ; ou alors il fait semblant. Et si, il les a ! Il les a effectivement prises et les a mises sous son bras... Par la sainte
Vierge !... Non, il ne les a pas... Je ne sais plus si je rêve ; je n'ai
jamais entendu dire que je donnais mon drap à crédit, en rêve
185 ou en réalité, aussi bienveillant soit-on pour moi... Je ne les
aurais pas données à crédit... Par le sang bleu, il les a bien eues !
Par la mort bleue, non, il ne les a pas ! Maintenant, je comprends ! il ne les a pas ? Mais à quoi j'aboutis ? c'est qu'il les a !
Par le sang de Notre Dame ! Malheur soit à celui qui pourrait
190 dire lequel a raison et lequel a tort d'eux ou de moi ; je n'y comprends rien du tout.

Il part.

PATHELIN, *bas* : Est-il parti ?

GUILLEMETTE, *bas* : Chut ! J'écoute. Il marmonne je ne sais
195 quoi, et il s'en va en grommelant si haut qu'on dirait qu'il délire.

PATHELIN : Ce n'est pas encore le moment de me lever ? Il est
arrivé à temps !

GUILLEMETTE : Je ne sais pas s'il reviendra. *(Pathelin veut se
lever.)* Non, par Dieu, ne bougez pas encore : tout serait perdu
200 s'il vous trouvait debout.

BIEN LIRE

L. 176-191 : Comment les pensées contradictoires du drapier sont-elles soulignées ?

PATHELIN : Par saint Georges, il a trouvé plus malin que lui, lui qui est si méfiant ! On lui a fait prendre des vessies pour des lanternes[1] !

GUILLEMETTE : Il nous est tombé tout rôti dans la bouche,
205 cet horrible vieux radin. C'est bien fait pour lui qui ne faisait même pas l'aumône[2] le dimanche.

Elle rit.

PATHELIN : Mon Dieu, ne riez pas ! S'il revenait, il pourrait sérieusement nous nuire, et je suis sûr qu'il va revenir.

210 GUILLEMETTE : Parole d'honneur, s'empêche de rire qui pourra, moi je ne peux pas me retenir.

LE DRAPIER, *devant son étal* : Hé ! Par le saint soleil qui brille, je vais retourner chez cet avocat d'eau douce, quoi qu'on en pense. Hé ! seigneur ! Quel est ce racheteur de rentes que soi-
215 disant ses parents ou parentes auraient vendues ! Par saint Pierre, il a bien mon drap, ce voleur ! Je le lui ai donné ici même.

GUILLEMETTE : Quand je me rappelle la tête qu'il faisait en vous regardant, j'en ris encore... Il insistait tellement pour
220 réclamer...

Elle rit.

PATHELIN : Oh ! silence, la rieuse ! Je renie Dieu (il ne vaut

---

1. Faire croire des choses fausses.
2. Ne donnait même pas de l'argent aux pauvres.

BIEN LIRE

L. 205-206 : Remarquez que Guillemette souligne ici l'avarice du drapier.

L. 212-217 : Une fois revenu à son étal, pourquoi le drapier se ravise-t-il ?

mieux pas !), s'il arrivait qu'on vous entende, il vaudrait mieux alors qu'on s'enfuie. Il est si revanchard[1] !

225 LE DRAPIER, *dans la rue* : Cet ivrogne d'avocaillon de pacotille prend-il tous les gens pour des jobards[2] ? Il mériterait, autant qu'un hérétique[3], d'être pendu. Il a bien mon drap par jarni-bleu, et il m'a bien eu... *(Il revient chez Pathelin.)* Holà ! Où vous cachez-vous ?

230 GUILLEMETTE, *bas* : Parole, il m'a entendue.

PATHELIN, *bas* : Je vais faire semblant de délirer. Allez-y.

GUILLEMETTE, *ouvrant* : Comme vous criez !

LE DRAPIER : À Dieu ne plaise ! Vous riez ! Allez ! Mon argent !

GUILLEMETTE : Sainte Mère ! De quoi croyez-vous que je rie ?

235 Il n'y a pas plus malheureuse dans la fête ! Il s'en va de la tête ! On n'a jamais entendu un tel vacarme, ni une telle frénésie[4] ! Il est encore en plein délire : il rêve, il chante, il baragouine[5] un tas de langages ! il bredouille ! Il ne vivra pas une demi-heure de plus ! Par mon âme, je ris et je pleure à la fois.

240 LE DRAPIER : Je ne sais pas s'il faut rire ou s'il faut pleurer, mais en bref, je vous dis qu'il faut me payer.

GUILLEMETTE : De quoi ? Perdez-vous la tête ? Vous recommencez vos histoires ?

---

1. Rancunier.
2. Imbéciles. Dans le texte en ancien français, l'expression utilisée est : « Et tient-il les gens pour Guillaumes » et a le même sens. C'est aussi le nom du drapier et cela renforce le comique de la remarque.
3. Homme qui ne respectait pas les préceptes de la religion catholique, la seule reconnue à l'époque.
4. Violence.
5. Parle d'une manière inintelligible.

LE DRAPIER : Je n'ai jamais vu qu'on paye mon drap avec une
245 monnaie de singe[1] pareille. Voulez-vous me faire prendre des
vessies pour des lanternes ?

PATHELIN, *délirant* : Sus ! Vite ! Qu'on m'approche sur-le-
champ de la reine des guitares ! Je sais bien qu'elle a accouché
de vingt-quatre guitarillons, enfants de l'abbé d'Iverneaux, je
250 veux être leur parrain.

GUILLEMETTE : Hélas ! Pensez plutôt à Dieu le père, mon
ami, et non aux guitares.

LE DRAPIER : Hé ! qu'est-ce que c'est que ce faiseur de sornettes[2] ! Allons vite ! Qu'on paye, en or ou en petite monnaie,
255 le drap que vous m'avez pris !

GUILLEMETTE : Hé ! Dieu ! Cela ne vous suffit pas de vous
être trompé une fois ?

LE DRAPIER : Savez-vous de quoi il est question, chère
madame ? Avec l'aide de Dieu ! je ne sais pas où est l'erreur...
260 Mais quoi ! Il faut soit rendre soit se faire pendre... En quoi je
vous fais du tort, si je ne viens ici que pour réclamer mon dû ?
Avec l'aide de saint Pierre de Rome que...

GUILLEMETTE : Ah ! mais pourquoi tourmentez-vous cet homme
comme ça ? Je vois bien sur votre figure que vous n'êtes pas dans
265 un état normal. Par cette malheureuse pécheresse, si j'avais de
l'aide, je vous attacherais, car vous êtes complètement fou.

LE DRAPIER : Hélas ! J'enrage de ne pas avoir mon argent.

---

1. Monnaie de dupe.
2. Bêtises.

GUILLEMETTE : Ah ! quelle sottise ! Signez-vous ! *Benedicite*[1] ! *(Elle fait sur lui le signe de la croix.)* Faites le signe de croix.

270 LE DRAPIER : Je renie Dieu si je donne encore cette année du drap à crédit. *(Pathelin s'agite.)* Quel malade !

PATHELIN : Mère de Dieu, la couronnée, par ma foi, je veux m'en aller oultre mar ! ventre de Diou ! comme on dit cheu nous ! *(Indiquant le drapier)* Çastuy ça rible et res ne done. Ne carri-275 laine ! fuy ta none ! Que de l'argent il ne me sone ! *(Au drapier)* Vous avez entendu, cher cousin ?

GUILLEMETTE *au drapier* : Il avait un oncle limousin, qui était le frère de sa tante par alliance, c'est ce qui fait qu'il jargonne[2] en limousin, si je ne me trompe.

280 LE DRAPIER : Diable ! Il est parti en tapinois[3] avec mon drap sous le bras.

PATHELIN *à Guillemette* : Venez là, ma douce damoiselle. Et que veut cette face de crapaud ? Allez, arrière, vieille merde ! *(Il s'enveloppe sous sa couverture.)* Sa ! Tost ! Je vueil devenir prestre.
285 Or sa ! Que le dyable y puist estre, en chelle vielle prestrerie ! Et faut il que le prestre rie quant il dëust chanter sa messe ?

GUILLEMETTE : Hélas ! Hélas ! L'heure de son dernier sacre-ment s'approche.

LE DRAPIER : Mais comment peut-il parler couramment 290 picard ? D'où vient une telle sottise ?

---

1. Ici, façon de donner sa bénédiction.
2. Parle d'une façon peu intelligible.
3. En cachette.

GUILLEMETTE : Sa mère était picarde, c'est pour ça qu'il parle comme ça maintenant.

PATHELIN *au drapier* : D'où viens-tu vilain masque[1] ? Vuacarme, liefe gode man ; etlbelic beq igluhe golan ; Henrien,
295 Henrien conselapen ; ych salgneb nede que maignen ; grile grile, scohehonden ; zilop zilop en mon que bouden ; disticlien unen desen versen ; mat groet festal ou truit denhersen ; en vuacte vuile, comme trie ! Cha ! a dringuer ! Je vous en prie ; quoy act semigot yaue, et qu'on m'y mette ung peu d'ëaue !
300 Vuste vuille, pour le frimas ; faites venir sire Thomas, qui me confessera tout à l'heure.

LE DRAPIER : Qu'est-ce que ça veut dire ? Il n'arrêtera pas aujourd'hui de parler toutes sortes de langages ? Qu'il me donne au moins un gage[2] ou mon argent que je m'en aille.

305 GUILLEMETTE : Par toutes les souffrances de Dieu ! que je suis malheureuse ! Vous êtes un homme bien bizarre. Que voulez-vous ? Je ne comprends pas pourquoi vous êtes si entêté.

PATHELIN : Or çà ! Renouart au tiné ! Bé dea que ma couille
310 est pelouse ! El semble une cate pelouse, ou a une mousque a mïel. Bé ! Parlez a moy Gabrïel. *(Il s'agite.)* Les play's Dieu ! Qu'eusse qui s'ataque a men cul ? Esse ou une vaque, une mousque, ou ung escarbot ? Béa dea ! J'é le mau saint Garbot ! Suis je des foureux de Baieux ? Jehan du Quemin sera joyeulz,

---

1. Masque de carnaval.
2. Ici, objet d'une valeur supérieure ou égale au drap pris par Pathelin.

315 mais qu'ï'sache que je le see. Bee! par saint Miquiel, je beree voulentiers a luy une fes!

LE DRAPIER: Comment peut-il supporter de tant parler? *(Pathelin s'agite.)* Hé! il s'affole.

GUILLEMETTE: Son maître d'école était normand: c'est pour
320 ça qu'il s'en souvient maintenant. *(Pathelin râle.)* Il perd connaissance!

LE DRAPIER: Par sainte Marie! voici le plus grand délire que j'aie jamais vu. Jamais je n'aurais pu imaginer qu'il est allé aujourd'hui à la foire.

325 GUILLEMETTE: Parce que vous le croyiez?

LE DRAPIER: Par saint Jacques, oui. Mais je me rends bien compte que ce n'est pas possible.

PATHELIN, *fait mine d'écouter*: Est-ce un âne que j'entends braire? *(Au drapier)* Hélas! hélas! mon cousin, ils seront tous
330 bien étonnés le jour où je ne te verrai plus. Il convient que je te déteste car tu m'as joué un très vilain tour, tu n'es qu'un affreux trompeur... *(Délirant)* Ha oul danda oul en ravezeie

....
corfka en euf.

335 GUILLEMETTE *à Pathelin*: Que Dieu vous aide!

PATHELIN: Huis oz bez ou dronc nos badou digaut an tan en

BIEN LIRE

L. 328-329: « Est-ce un âne que j'entends braire? » ; à qui s'adresse cette question?

L. 333: Cette ligne de points indique une probable altération du manuscrit.

hol madou empedif dich guicebnuan quez queuient ob dre douch aman mes ez cahet hoz bouzelou eny obet grande canou maz rehet crux dan hol con so ol oz merueil grant nacon alu-
340 zen archet epysy har cals amour ha courteisy.

LE DRAPIER *à Guillemette*: Hélas! Grand Dieu, entendez-vous! Il divague! Comme il gargouille! Mais qu'est-ce qu'il barbouille, par le diable? Sainte Mère! Comme il bafouille! Par le saint corps, il bredouille ses mots si bien qu'on n'y comprend
345 rien! Il ne parle pas chrétien, ni aucune langue qui existe!

GUILLEMETTE: La mère de son père venait de Bretagne. Cela nous montre qu'il est en train de mourir et qu'il lui faut les derniers sacrements.

PATHELIN *au drapier*: Hé! Par saint Gigon, tu mens. Voue-toi
350 à Dieu, couille de Lorraine! Que Dieu te transforme en vieille savate! Tu ne vaux pas plus qu'une vieille paillasse. Va-t'en savate éculée, va te faire foutre! vas-y espèce de vieux paillard! Tu fais trop le malin, par la mort bleue! Viens donc boire ici et donne-moi donc ce grain de poivre, je le mangerai volontiers et par saint
355 Georges, je boirai à ta santé. Que veux-tu que je te dise? Dis-moi, ne viens-tu pas par hasard de Picardie? Jaques nient se sont ebobis. Et bona dies sit vobis, magister amantissime, pater reverendissime. Quomodo brulis? Que nova? Parisius non sunt ova; quid petit ille mercator? Dicat sibi quod trufator, ille qui in lecto
360 jacet, vult ei dare, si placet, de oca ad comedendum. Si sit bona ad edendum, pete tibi sine mora.

GUILLEMETTE *au drapier*: Ma parole, il meurt en parlant. Comme il latinise! Vous ne voyez pas comme il honore beau-

coup la divinité ? Sa vie s'éteint, et je vais rester toute seule,
365 triste et malheureuse.

LE DRAPIER, *à part* : Il faut que je m'en aille avant qu'il ne
passe le pas[1]. *(À Guillemette)* Je crains qu'il ne veuille vous dire
quelque secret avant sa mort, en privé. Pardonnez-moi, car je
vous jure que j'étais persuadé, par mon âme, qu'il avait bien
370 mon drap. Adieu, madame, que Dieu me pardonne !

GUILLEMETTE, *le reconduisant* : Que Dieu vous bénisse et moi
aussi, pauvre malheureuse !

LE DRAPIER, *à part* : Par la sainte vierge, je suis encore plus
ahuri que jamais ! C'est le diable en personne et non pas lui qui
375 est venu prendre mon drap pour me tenter. *Benedicite* ! Pourvu
qu'il ne cherche jamais attenter[2] à ma personne ! Et puisqu'il en
est ainsi, au nom de Dieu, je donne mon drap à celui qui l'a
pris, qui qu'il soit !

Il part.

380 PATHELIN, *sautant de son lit* : En avant ! *(À Guillemette)* Je
vous ai bien conseillée ; maintenant il s'en va, le beau
Guillaume. Mon Dieu, sous son bonnet, que ses déductions
sont stupides ! Il va en avoir des visions cette nuit, quand il sera
couché.

---

1. Qu'il meurt.
2. Essayer de tuer ou blesser quelqu'un.

BIEN LIRE

L. 373-378 : Que craint le drapier ?

L. 375-376 : Quelle image le drapier
donne-t-il de lui-même ? Est-elle
justifiée ?

385   GUILLEMETTE : Comme vous l'avez mouché[1] ! N'ai-je pas bien tenu mon rôle ?

PATHELIN : Par Dieu, à dire vrai, vous avez très bien travaillé. Maintenant, nous avons assez de drap pour nous faire des robes.

---

1. Trompé.

SCÈNE VI
Chez le drapier
LE DRAPIER, THIBAULT AGNELET (LE BERGER).

LE DRAPIER : Quoi ! Diable ! On me paie de mensonges ; on emporte mon bien et prend tout ce qu'on peut. Ah ! je suis bien le roi des malheureux : même des simples bergers me roulent. Même le mien, à qui j'ai toujours fait du bien, ne m'a pas rendu
5 ce bien, mais il viendra faire amende honorable[1], par la sainte couronne.

THIBAULT AGNELET, BERGER : Mon bon seigneur, que Dieu vous bénisse.

LE DRAPIER : Ah ! tu es là ! Truand[2] merdeux ! Quel bon valet !
10 Et pour faire quoi ?

LE BERGER : Mais ne vous en déplaise, mon bon seigneur, je ne sais quel excité, vêtu de drap rayé[3], tenant un fouet sans corde[4] m'a dit... mais je ne me rappelle plus très bien de quoi il s'agissait. Il m'a parlé de vous, mon maître... de je ne sais quelle
15 assignation[5]... quant à moi, je n'y comprends rien de rien. Il m'a bafouillé pêle-mêle une histoire de « brebis », d' « après-midi », et m'a maltraité, mon maître, de votre part.

LE DRAPIER : Je veux bien que la tempête et toutes les forces

---

1. Reconnaître ses fautes.
2. Ici, vagabond.
3. Costume en tissu rayé du sergent qui venait prévenir les personnes convoquées au tribunal.
4. Verge, sorte de long bâton, avec lequel le sergent touchait celui qui devait comparaître.
5. Convocation obligatoire d'une personne à comparaître devant un tribunal.

du déluge me tombent dessus si je ne parviens pas à te traîner
20 devant le juge ! Jamais plus tu n'abattras une de mes bêtes sans
y réfléchir à deux fois, ma parole ! et quoi qu'il arrive tu me
paieras les six aunes... je veux dire, les bêtes abattues et tous les
dommages que tu me causes depuis dix ans.

LE BERGER : Ne croyez pas les mauvaises langues, mon bon
25 seigneur, car sur mon âme...

LE DRAPIER : Et, par Notre Dame, tu me les rendras samedi
mes six aunes de drap... je veux dire tout ce que tu m'as volé sur
mes bêtes.

LE BERGER : De quel drap parlez-vous ? Ah ! monseigneur, je
30 crois que c'est autre chose qui vous fâche. Par saint Leu, mon
maître, je n'ose plus rien dire quand je vous regarde.

LE DRAPIER : Laisse-moi tranquille ! Va-t'en, et occupe-toi de
ta cause, si bon te semble.

LE BERGER : Mon seigneur, réglons cela à l'amiable[1] ; par
35 Dieu, que je n'aie pas à plaider.

LE DRAPIER : Va, ton affaire est bien partie, va-t'en ! Je ne res-
pecterai et n'écouterai que ce que le juge décidera. Pouah, tout
le monde va me tromper si je n'y veille pas.

LE BERGER : Adieu, monseigneur, qu'il vous bénisse. *(À part)*
40 Il faut donc que je me défende.

---

1. Entre nous.

BIEN LIRE

**L. 18-23 : Quelle obsession du drapier
perce ici ?**

SCÈNE VII
Chez Pathelin
LE BERGER, PATHELIN, GUILLEMETTE.

LE BERGER *frappe à la porte* : Il y a quelqu'un ?

PATHELIN, *bas* : Si ce n'est pas lui qui revient, qu'on me pende !

GUILLEMETTE, *bas aussi* : Mon Dieu ! Pourvu que non ! Nous
5 serions dans de beaux draps !

LE BERGER : Que Dieu vous bénisse !

PATHELIN, *sort de la maison* : Dieu te garde ! Ami, que veux-tu ?

LE BERGER : On me pincera si je ne vais pas à ma convocation
à... de l'après-midi et s'il vous plaît, venez-y, mon bon seigneur,
10 et défendez-moi, car je n'y connais rien. Je vous paierai très bien
quoique je sois mal vêtu.

PATHELIN : Approche-toi et explique-toi. Qui es-tu, le plaignant ou l'accusé ?

LE BERGER : J'ai affaire à un commerçant, vous comprenez,
15 mon bon seigneur, pour qui j'ai longtemps fait paître ses brebis. Parole d'honneur, je trouvais qu'il me payait chichement[1]...
Vous dirai-je tout ?

PATHELIN : Diable, bien sûr. On doit tout dire à son avocat.

---

1. Peu.

BIEN LIRE

**L. 4-5 : En quoi cette expression est-
elle comique ?**

L. 10-11 : Que peut-on déduire ?

LE BERGER : C'est la pure vérité, monsieur, que j'en ai
20 assommé tant et si bien que plusieurs se sont évanouies plusieurs fois et sont tombées raides mortes ; pourtant elles étaient
en bonne santé et solides. Après, afin qu'il ne puisse rien me
reprocher, je lui faisais croire qu'elles étaient mortes de la clave-
lée[1]. « Ah ! disait-il, ne la laisse pas avec les autres. Jette-la. »
25 « Volontiers », disais-je. Mais je les jetais d'une autre façon, en
les mangeant, car, par saint Jean, je savais bien quelle était leur
maladie. Que voulez-vous que je vous dise ? J'ai continué tant
et tant, j'en ai assommé tellement, qu'il a fini par s'en douter,
et quand il a compris que je le trompais, mon Dieu, il m'a fait
30 espionner. Et comme on les entendait crier très fort quand je
les tuais, j'ai été pris sur le fait aussi ; je ne peux rien nier. Aussi,
je voudrais vous demander que tous les deux nous lui donnions
le change. (Pour ce qui est de l'argent, j'en ai assez.) Je sais bien
que sa cause est bonne, mais vous trouverez bien une clause[2]
35 qui la lui rende mauvaise.

PATHELIN : Je me doute bien que tu seras très content ! Et que
me donneras-tu si je parviens à donner tort à la partie adverse
et qu'ainsi tu seras acquitté ?

LE BERGER : Je ne vous paierai pas en menue monnaie mais
40 bien en or.

---

1. Maladie contagieuse touchant
notamment les moutons.
2. Ici, un texte ou un extrait d'acte.

BIEN LIRE

**L. 39-40 : À quelle partie de la pièce
cette réplique fait-elle penser ?**

PATHELIN : Eh bien ! ta cause sera bonne même si elle est deux fois pire encore. Aussi bonne soit-elle je saurai la rendre mauvaise si je veux bien m'y mettre. Et tu m'entendras prendre la parole quand il aura exposé sa plainte ! Mais approche-toi
45 que je te demande ton nom. Par le sang de notre Seigneur, tu parais assez malin pour bien saisir une ruse.

LE BERGER : Par saint Maur, je m'appelle Thibault Agnelet.

PATHELIN : Agnelet, tu lui as chipé beaucoup d'agnelets à ton maître ?

50 LE BERGER : Ma parole d'honneur, c'est possible que j'en aie mangé plus de trente en trois ans.

PATHELIN : Cela te fait un revenu de dix par an, net de tout ! *(Songeant à la partie adverse)* Je crois que je vais lui renvoyer la balle. *(Après une petite pause)* Crois-tu qu'il pourrait trouver
55 maintenant des preuves de ce que tu as fait ? C'est le plus important du procès.

LE BERGER : Le prouver, monsieur ? Sainte Vierge ! Par tous les saints du Paradis, il en trouvera dix contre un pour déposer contre moi !

60 PATHELIN : Voilà qui est très ennuyeux pour toi... Voici ce que je pense : je ferai comme si je ne te connaissais pas et ne t'avais jamais vu.

LE BERGER : Mon Dieu ! Non, ne faites pas ça !

PATHELIN, *se ravisant*: Non, pas ça. Voici ce qu'il faudra
65 faire : si tu parles, on te coincera à chaque chef d'accusation[1] et

---

1. Sujet d'accusation.

dans de tels cas les aveux sont sans appel et te feront tout perdre ! C'est pourquoi il faut agir ainsi : quand on t'appellera pour comparaître devant le tribunal, tu ne répondras que « Bée ! » à tout ce qu'on te demandera, et si par hasard on te
70 traitait de : « Hé ! cornard puant ! que Dieu vous punisse, bandit ! Vous vous moquez de la justice ? », tu dis « Bée ! ». Et moi je dirai « Ha ! il est si sot qu'il croit parler à ses bêtes » ; et même s'ils doivent en perdre la tête, qu'aucun autre mot ne sorte de ta bouche ! Fais-y bien attention !

75 LE BERGER : Je suis trop concerné pour ne pas y faire attention et agir bien comme vous le dites, je vous le promets.

PATHELIN : Prends-y bien garde ! Tiens-toi-y. Et même à moi, quand je te dirai quelque chose ou te parlerai, tu ne dois pas répondre autrement.

80 LE BERGER : Moi ? sûrement pas, ma parole ! vous pourrez dire sans crainte que je suis fou si je m'adresse à vous ou à quelqu'un d'autre quoi qu'on me demande autrement que par « Bée ! », comme vous me l'avez demandé.

PATHELIN : Par saint Jean, comme ça ton adversaire sera bien
85 coincé ! Mais aussi, une fois que cela sera terminé, fais en sorte de me payer correctement.

LE BERGER : Monseigneur, si je ne vous paye pas suivant votre demande, qu'on ne me croie jamais plus. Mais je vous en prie, maintenant travaillez à ma cause.

90 PATHELIN : Par Notre Dame de Boulogne, je pense que le juge doit déjà siéger, car il commence toujours à six heures, ou

à peu près. Allons, tu arriveras après moi, car il ne faut pas que nous y allions ensemble.

LE BERGER : C'est bien dit, ainsi on ne saura pas que vous êtes
95 mon avocat !

PATHELIN : Notre Dame ! Gare à toi si tu ne me payes pas correctement !

LE BERGER : Mon Dieu ! Promis, comme vous me l'avez demandé, mon seigneur, n'en doutez pas.
100 *Il part.*

PATHELIN, *seul* : Ah ! Diable ! S'il ne pleut pas, au moins il tombe quelques gouttes, et j'en aurai bien un petit quelque chose. J'aurai au moins de lui, si tout marche, un ou deux écus.

BIEN LIRE | **L. 101-104 : Que veut dire la dernière réplique de Pathelin ?**

SCÈNE VIII
Au tribunal
PATHELIN, LE JUGE, LE DRAPIER, LE BERGER.

PATHELIN *salue le juge*: Sire, que Dieu vous garde et réalise tous vos désirs.

LE JUGE: Soyez le bienvenu, messire. Couvrez-vous je vous prie et prenez place là.

5   PATHELIN: Mon Dieu! Je suis très bien ici, n'en déplaise à votre grâce, et suis plus à l'aise.

LE JUGE: S'il y a quelque chose, qu'on se dépêche, que je puisse vite m'en aller.

LE DRAPIER: Mon avocat va arriver, il termine quelque chose, 10   monseigneur, et je vous prie de bien vouloir l'attendre.

LE JUGE: Ha! Diable, j'ai autre chose encore à présider! Si votre partie est présente, dépêchez-vous, sans tarder. N'est-ce pas vous le plaignant?

LE DRAPIER: Si.

15   LE JUGE: Où est l'accusé? Est-il présent en personne?

LE DRAPIER, *montrant le berger*: Oui, voyez-le, là qui ne dit mot, mais Dieu sait ce qu'il pense.

BIEN LIRE   **L. 3-4 : Comment comprenez-vous les propos du juge ?**

LE JUGE : Puisque les deux parties[1] sont présentes, déposez votre plainte.

20 LE DRAPIER : Voici donc ce que je demande : monseigneur, c'est vrai que, par charité et pour rien, je l'ai recueilli enfant et nourri et que, quand il a été assez grand pour aller aux champs, pour être bref, j'en ai fait mon berger et lui ai donné mes bêtes à garder. Mais aussi vrai que vous êtes là, assis, monsieur le juge, il a fait un tel 25 carnage de mes brebis et de mes moutons que sans mentir...

LE JUGE : Attendez, était-il votre salarié ?

PATHELIN : C'est vrai que s'il s'était amusé à le faire garder sans le payer...

LE DRAPIER, *reconnaissant Pathelin* : Que Dieu me renie si ce 30 n'est pas vous, sans faute !

Pathelin se cache la figure.

LE JUGE : Comme vous vous tenez la joue ! Avez-vous mal aux dents, Maître Pierre ?

PATHELIN : Oh ! oui ! elles me font tellement souffrir, jamais 35 je n'ai supporté une telle douleur, je n'ose pas lever la tête, par pitié continuez.

LE JUGE *au drapier* : Allez ! Achevez votre plainte, vite ! Concluez rapidement !

LE DRAPIER, *à part* : C'est lui, sans aucun doute, par Dieu !

---

1. C'est-à-dire le plaignant et le pré-venu.

BIEN LIRE

L. 1-19 : Qu'est-ce qui paraît anormal dans ce début d'audience ?

40 *(À Pathelin)* C'est à vous que j'ai vendu six aunes de drap, Maître Pierre !

LE JUGE *à Pathelin* : Qu'est-ce qu'il dit sur son drap ?

PATHELIN : Il divague. Il croit revenir à son sujet, mais il ne sait pas comment faire car il l'a mal appris.

45 LE DRAPIER *au juge* : Que l'on pende celui qui m'a pris mon drap !

PATHELIN : Comme ce méchant homme fabrique d'étranges détours pour accréditer sa plainte[1] ! Il veut dire (faut-il être intraitable !) que son berger avait vendu la laine (je l'ai bien 50 compris) dont on a fait le drap de ma robe, afin de montrer qu'il le vole et l'a dépouillé de la laine de ses brebis.

LE DRAPIER *à Pathelin* : Que Dieu me maudisse si ce n'est pas vous qui l'avez !

LE JUGE : La paix ! Par tous les diables ! Vous dites n'importe 55 quoi ! Ne pouvez-vous pas revenir à votre propos sans tenir à la cour de tels bavardages ?

PATHELIN, *riant* : J'ai mal, mais je ne peux m'empêcher de rire ! Il est si empressé, qu'il ne sait plus où il s'est arrêté, il faut l'aider.

60 LE JUGE *au drapier* : Vite ! Revenons à ces moutons, qu'en est-il ?

---

1. Donner des éléments qui la rendent vraisemblable.

BIEN LIRE

L. 48-51 : Que veut montrer Pathelin par cette association ? Qu'y gagne-t-il ?

LE DRAPIER : Il en a pris six aunes, pour neuf francs.

LE JUGE : Vous nous prenez pour des idiots ou des crétins ?
Où croyez-vous être ?

65 PATHELIN : Par le sang bleu, il se moque de vous ! Il ne faut
pas se fier à sa bonne mine ! Mais je propose qu'on examine un
peu la partie adverse.

LE JUGE : Vous avez raison. *(À part)* Il parle avec, c'est possible qu'il le connaisse. *(Au berger)* Approche ! Dis !

70 LE BERGER : Bée !

LE JUGE : Voilà autre chose ! Que signifie ce « Bée » ? Suis-je
une chèvre ? Parle-moi !

LE BERGER : Bée !

LE JUGE : Que Dieu te donne une mauvaise fièvre ! Tu te
75 moques de moi ?

PATHELIN : Croyez-moi, il est fou ou idiot, ou il se croit
encore avec ses bêtes.

LE DRAPIER *à Pathelin* : Je renie Dieu si ce n'est pas vous qui
l'avez eu mon drap ! *(Au juge)* Ha ! Messire, vous ne savez pas
80 par quelle ruse...

LE JUGE : Ah ! mais taisez-vous ! Êtes-vous idiot ? Laissez ces
détails de côté et restez-en à l'essentiel.

LE DRAPIER : Très bien, monseigneur, mais cela me concerne.
Toutefois, parole d'honneur, je n'en dirai plus un seul mot
85 aujourd'hui. (Mais il en ira autrement une autre fois : à présent
je le ravale.) Je disais donc dans ma plainte comment je lui avais
donné six aunes... je veux dire, mes brebis... je vous en prie,
votre honneur, pardonnez-moi. Ce brave maître... Mon berger,

quand il était aux champs... Il m'a dit que j'aurais six écus d'or
90 si je le lui vendais... Je veux dire que cela fait trois ans que mon
berger m'a promis solennellement de garder honnêtement mes
brebis, sans me porter préjudice[1], ni me voler, et puis maintenant il nie et le drap et l'argent. *(À Pathelin)* Ha! Maître Pierre,
vraiment... *(Le juge fait un geste d'impatience.)* Ce bandit-là m'a
95 volé la laine de mes bêtes et toutes saines qu'elles étaient, il me les
faisait mourir en les assommant et les frappant à gros coups de
bâton sur le crâne... Quand il a eu mon drap sous le bras il est parti
à toute vitesse et m'a dit de venir chercher six écus d'or chez lui.

LE JUGE : Ce que vous dites n'a ni rime ni raison, et vous
100 rabâchez à nouveau. Qu'est-ce que vous racontez ? Vous mélan-
gez une chose et une autre. Pour finir, par le sang bleu, je n'y
comprends rien. *(À Pathelin)* Il bafouille une histoire de drap et
parle de brebis, tout cela à tort et à travers. On ne comprend
rien de ce qu'il raconte.

105 PATHELIN : Moi, je suis sûr qu'il retient le salaire de ce pauvre
berger.

LE DRAPIER : Par Dieu, vous devriez vous taire ! Mon drap,
aussi vrai que la messe... Je sais mieux que vous ou qu'un autre
où le bât blesse[2]. Au nom de Dieu, c'est vous qui l'avez !

110 LE JUGE : Mais qu'est-ce qu'il a ?

1. Sans me faire du tort.
2. Où se situe le problème.

BIEN LIRE

L. 100-103 : Pourquoi le juge réagit-il ainsi au discours du drapier ? Où est le comique ?

LE DRAPIER : Rien, monseigneur. Ma parole, c'est le plus grand trompeur... Holà ! Je ne dis plus rien, et n'en parlerai plus de la journée, quoi qu'il advienne.

LE JUGE : Très bien ! Mais souvenez-vous-en ! Maintenant, 115 concluez vite.

PATHELIN : Ce berger ne peut pas répondre aux faits qu'on lui reproche s'il n'a pas d'avocat, et il n'ose pas ou ne sait pas le demander. Si vous vouliez bien m'ordonner de le défendre, je le ferais volontiers.

120   LE JUGE, *regardant le berger* : Le défendre ? Je pense que ce serait une très mauvaise affaire ; il n'a pas le sou !

PATHELIN : Mais je vous jure que je ne lui demanderai rien. Par Dieu ! mais je vais demander à ce pauvre malheureux ce qu'il veut dire et s'il ne pourra pas m'instruire pour répondre 125 aux accusations. Il aura du mal à se tirer d'affaire si on ne lui vient pas en aide. *(Au berger)* Approche, mon ami. *(Bas, au juge)* Qui pourrait trouver... *(Au berger)* Tu comprends ?

LE BERGER : Bée !

PATHELIN : Quoi « Bée ! » ? Diable ! Par le saint sang que Dieu 130 versa, es-tu fou ? Raconte-moi ton affaire.

LE BERGER : Bée !

BIEN LIRE   **L. 114 : En quoi est-ce amusant ?**

PATHELIN : Quoi « Bée ! » ? Tu entends une brebis bêler ? C'est pour ton bien, tu comprends ?

LE BERGER : Bée !

135 PATHELIN : Eh ! mais dis « oui » ou « non » *(Bas)* C'est bien, continue ! *(Haut)* Fais-le.

LE BERGER, *doucement* : Bée !

PATHELIN : Plus fort ! Cela va te coûter cher, j'en suis sûr !

LE BERGER : Bée !

140 PATHELIN : Il faut être encore plus fou pour traîner un pauvre fou comme ça en justice ! *(Au juge)* Ah ! monseigneur, renvoyez-le à ses brebis ! Il est tout à fait fou !

LE DRAPIER : Lui, fou ? Allons donc, il est plus sensé que vous.

PATHELIN *au juge* : Renvoyez-le garder ses bêtes sans ajourne-
145 ment[1], qu'il n'ait pas à revenir ! Et que maudit soit celui qui assigne un pauvre fou pareil !

LE DRAPIER : Et on va le renvoyer avant de m'avoir entendu ?

LE JUGE : Par Dieu ! oui ! puisqu'il est fou. Pourquoi ne le ferait-on pas ?

150 LE DRAPIER : Ah ! Diable ! Seigneur, au moins laissez-moi terminer et donner mes conclusions. Je ne vous dis ni des mensonges ni des moqueries.

LE JUGE : Tout ça n'est que tracasseries[2] inutiles que de plai-

---

1. Sans renvoi à une date ultérieure.
2. Soucis.

BIEN LIRE

L. 150-152 et L. 156 : Quel est le sentiment du drapier ?

der avec des fous. Pour en finir, la séance est levée. Écoutez :
155 pour couper court, la cour ne siégera plus.

LE DRAPIER : Ils vont donc partir sans être tenus de revenir ?

LE JUGE : Et pourquoi pas ?

PATHELIN : Revenir ? On n'a pas vu plus fou en action et en paroles. *(Montrant le drapier)* Et celui-là ne vaut pas mieux que
160 l'autre ; ils sont tous les deux sans cervelle. Par la sainte Vierge, à tous deux ils n'en ont pas un gramme !

LE DRAPIER : Vous avez emporté mon drap en fraude, sans le payer, Maître Pierre. Par Dieu ! Pauvre pécheur que je suis ! Ce n'est pas honnête.

165 PATHELIN : Je renie saint Pierre de Rome s'il n'y a pas plus fou que lui !

LE DRAPIER *à Pathelin* : Je vous reconnais à la voix, au visage et à la robe. Je ne suis pas fou du tout, mais au contraire très lucide pour savoir qui me veut du bien. *(Au juge)* Je vous racon-
170 terai tous les faits, monseigneur.

On rit.

PATHELIN *au juge* : Monseigneur, faites-les taire. *(Au drapier)* Vous n'avez pas honte de tant discutailler pour trois ou quatre vieilles brebis ou vieux moutons qui ne valaient pas un clou ?
175 *(Au juge)* Il nous en rebat les oreilles...

BIEN LIRE

L. 160 : « Ils » ; comment comprenez-vous ce pluriel ?

L. 174 : Que fait Pathelin quand il évoque les « vieilles brebis » ?

LE DRAPIER : Quels moutons ? C'est une rengaine[1] ! C'est à vous-même que je parle, et vous me le rendrez par Dieu !

LE JUGE : Vous voyez ! Je suis bien loti ! Il va braire ainsi toute la journée.

180 LE DRAPIER : Je lui demande...

PATHELIN *au juge* : Faites-le taire. *(Au drapier)* Et par Dieu, assez de sornettes. Mettons qu'il en ait tué et mangé six ou sept ou même une douzaine. Vous voilà bien lésé ! Vous avez gagné plus par le temps qu'il vous les a gardées.

185 LE DRAPIER *au juge* : Regardez, sire, regardez ! Je lui parle drap et il répond brebis ! *(À Pathelin)* Où sont-elles les six aunes que vous avez mises sous le bras ? Pensez-vous me les rendre ?

PATHELIN *au drapier* : Ha ! sire, le ferez-vous pendre pour six ou sept bêtes à laine ? Ne soyez pas si sévère pour un pauvre ber-
190 ger malheureux aussi nu qu'un ver !

LE DRAPIER : Voilà qui est changer de sujet ! C'est le diable qui m'a fait vendre du drap à un tel acheteur ! Monseigneur, je lui demande...

LE JUGE : Je l'acquitte de votre plainte et vous défends de
195 continuer. Voilà une belle chose que de plaider contre un fou ! *(Au berger)* Retourne à tes bêtes.

LE BERGER : Bée !

---

1. Répétition.

BIEN LIRE

L. 178-179 : « Braire » ; quelle image du drapier ce mot évoque-t-il ? Est-ce la première fois qu'il est ainsi traité ?

LE JUGE *au drapier* : Vous vous montrez sous votre vrai visage, monsieur !

200 LE DRAPIER : Ah ! dame, monseigneur, par mon âme, je veux lui....

PATHELIN *au juge* : Ne pourrait-il pas se taire ?

LE DRAPIER, *se retournant vers Pathelin* : C'est à vous que j'en veux, vous m'avez trompé et vous avez emporté mon drap en

205 douce avec vos belles paroles.

PATHELIN *au juge* : Ho ! j'en appelle à vous solennellement ! Vous l'entendez bien, monseigneur ?

LE DRAPIER *à Pathelin* : Que Dieu m'aide, vous êtes le plus grand trompeur... *(Au juge)* Monseigneur, ce que je dis...

210 LE JUGE : Tout ça n'est que bêtise et querelle entre vous. Dieu me vienne en aide ! Je veux m'en aller. *(Il se lève, puis au berger)* Va-t'en, mon ami, et ne reviens pas, même si un sergent t'assigne. La cour t'acquitte, tu comprends ?

PATHELIN *au berger* : Dis « grand merci ».

215 LE BERGER : Bée !

LE JUGE *au berger* : Je te le dis bien, va-t'en et ne t'inquiète pas. Qu'importe !

LE DRAPIER : Mais est-ce si raisonnable qu'il parte ainsi ?

LE JUGE, *quittant son tribunal* : Hé ! J'ai à faire ailleurs. Vous

BIEN LIRE

L. 198-199 : Comment comprenez-vous cette remarque ?

220 êtes trop peu sérieux. Je n'y tiens plus, je m'en vais. Voulez-vous venir souper avec moi, Maître Pierre ?

PATHELIN, *levant sa main devant la mâchoire*: Je ne peux pas.
Le juge s'en va.

SCÈNE IX
Devant le tribunal
LE DRAPIER, PATHELIN.

LE DRAPIER *à Pathelin mais à voix basse* : Eh bien ! Tu es un sacré larron[1] ! *(Haut et prenant un ton plus cérémonieux)* Dites, allez-vous me payer ?

PATHELIN : De quoi ? Êtes-vous fou ? Mais qui croyez-vous que je suis ? Par mon propre sang, je me demande bien pour qui vous me prenez ?

LE DRAPIER : Bée, diable !

PATHELIN : Mon beau monsieur, écoutez. Je vais vous dire, sans plus attendre, pour qui vous me prenez : n'est-ce pas pour Écervelé ? *(Enlevant son chaperon)* Eh non, il n'est pas pelé comme moi sur la tête.

LE DRAPIER : Vous voulez vraiment me faire passer pour un idiot ? C'est vous-même en personne, vous et personne d'autre ; c'est votre voix et croyez-moi, ça ne peut être autrement.

PATHELIN : Moi, bien moi ? Non, vraiment pas. Ôtez-vous ça de la tête. Ça ne serait pas Jean de Noyon ? Il me ressemble de corps.

LE DRAPIER : Hé ! Diable ! Il n'a pas le visage si aviné, ni si

---

1. Voleur.

L. 1-3 : Pourquoi le drapier change-t-il de ton dans cette courte réplique ?

pâle. Est-ce que je ne vous ai pas laissé tout à l'heure dans votre
20 maison, malade ?

PATHELIN : Ah ! voici là une bonne raison ! Malade ? Et de quoi ? Reconnaissez votre bêtise : maintenant elle est évidente.

LE DRAPIER : C'est bien vous ou je renie saint Pierre, vous et personne d'autre, je le sais bien.

25 PATHELIN : Eh bien ! N'en croyez rien, car ce n'est vraiment pas moi. Je ne vous ai pas pris une seule aune, ni même une demie, et je n'en ai pas la réputation.

LE DRAPIER : Ha ! Je vais aller voir chez vous si vous y êtes ! Nous n'en discuterons plus ici, si je vous y trouve.

30 PATHELIN : Par Notre Dame, c'est cela ! Ainsi vous en aurez le cœur net.

Le drapier part.

SCÈNE X
Toujours devant le tribunal
PATHELIN, LE BERGER.

PATHELIN *au berger*: Dis, Agnelet.

LE BERGER: Bée!

PATHELIN: Viens là, viens. Ai-je bien travaillé?

LE BERGER: Bée!

5 PATHELIN: Ton adversaire est parti, ne dis plus «Bée», ce n'est plus la peine. Je l'ai bien entortillé, non? Ne t'ai-je pas bien défendu?

LE BERGER: Bée!

PATHELIN: Ah! vraiment! On ne va plus t'entendre! Parle 10 sans crainte, ne t'inquiète pas.

LE BERGER: Bée!

PATHELIN: Il est temps que je m'en aille. Alors, paye-moi!

LE BERGER: Bée!

PATHELIN: En vérité, tu t'es très bien comporté, et tu as fait 15 bonne figure. Ce qui l'a trompé, c'est que tu n'as pas ri du tout.

LE BERGER: Bée!

PATHELIN: Quoi «Bée»? Ce n'est plus la peine de le dire. Paye-moi et gentiment!

20 LE BERGER: Bée!

PATHELIN: Tu sais quoi? Je te demande, sans plus me dire «Bée», de penser à me payer. Je ne veux plus entendre tes bêlements, paye-moi vite.

LE BERGER : Bée !

25 PATHELIN : Tu te moques de moi ? Tu ne feras rien d'autre ? Ma parole, tu vas me payer, tu m'entends, si tu ne t'envoles pas. Allez, l'argent !

LE BERGER : Bée !

PATHELIN : Tu te moques de moi ! Comment ? Je n'en obtien-
30 drai rien d'autre ?

LE BERGER : Bée !

PATHELIN : Tu fais le rimeur en prose ! Et à qui vends-tu tes salades ? Sais-tu à qui tu parles ? Ne me donne pas de ton « Bée ! » et paye-moi.

35 LE BERGER : Bée !

PATHELIN : N'en aurai-je pas d'autre monnaie ? De qui crois-tu te moquer ? J'étais si content de toi ! Eh bien ! Fais en sorte que je le sois toujours.

LE BERGER : Bée !

40 PATHELIN : Tu me fais manger de l'oie ? *(À part)* Bon Dieu ! Ai-je donc tant vécu pour qu'un berger, un mouton habillé, un imbécile grossier se moque de moi ?

LE BERGER : Bée !

PATHELIN : Je n'obtiendrai donc rien d'autre ? Si tu le fais

BIEN LIRE

L. 40 : « Tu me fais manger de l'oie ? » ; comment comprenez-vous cette remarque ? À quoi fait-elle allusion ?

45 pour t'amuser, dis-le-moi, ne me fais plus enrager et viens souper à la maison.

LE BERGER : Bée !

PATHELIN : Par saint Jean, tu as raison, les oisons[1] mènent paître les oies ! *(À part)* Moi qui croyais être le maître des trompeurs d'ici et d'ailleurs, des aigrefins[2] et des diseurs de bonnes paroles en paiement, je suis dépassé par un simple berger mal décrotté ! *(Au berger)* Par saint Jacques ! si je trouvais un sergent, je te ferais prendre !

LE BERGER : Bée !

55 PATHELIN : Ah ! « Bée » ! Qu'on me pende si ce n'est pas un vrai sergent que je vois venir. Malheur à lui s'il ne t'emprisonne pas !

LE BERGER, *s'enfuyant* : S'il me trouve, je lui pardonne !

FIN

---

1. Petits de l'oie.
2. Escrocs.

Après-texte

POUR COMPRENDRE

Lire

1 Qu'apprend-on du passé de Pathelin ? Faites le relevé de tous les renseignements donnés au spectateur.

2 Quelle est la fonction de Guillemette dans toute cette scène ? En quoi est-elle indispensable ?

3 Une critique de la profession d'avocat se dégage de cette première scène. Montrez de quelle manière.

4 Quelles sont les intentions précises de Pathelin ? À quoi voit-on qu'il est sûr de lui ?

5 Guillemette fait-elle confiance à Pathelin ? Justifiez votre réponse.

6 Quelles répliques montrent qu'elle est déjà complice ?

7 Le texte ne présente que peu d'indications scéniques. Recherchez dans les répliques ce qui peut les remplacer et aider l'éventuel metteur en scène à monter la pièce.

Écrire

8 En vous aidant de ce que vous apprenez dans cette scène, imaginez comment et pourquoi Pathelin a été condamné au pilori.

9 Imaginez les costumes de Pathelin et de Guillemette, et le décor dans lequel ils évoluent. Quels sont les éléments du texte qui peuvent vous donner des pistes ?

Chercher

10 Pathelin veut faire faire une robe pour lui. Comment s'habillait-on au Moyen Âge ?

11 À quoi correspond cette allusion à Charles ? De quel roi s'agit-il ? À quelle époque ? Quel ouvrage littéraire a immortalisé l'événement ?

12 Recherchez l'étymologie du mot « foire ». Quelle est l'importance de la foire dans la vie quotidienne au Moyen Âge ?

À SAVOIR

LA SCÈNE D'EXPOSITION

Au théâtre, le spectateur ignore tout des personnages, de leur situation, de leurs intentions. La première scène, appelée « scène d'exposition », joue un rôle essentiel. Elle donne les indications nécessaires à la compréhension de la pièce. On apprend ainsi que Pathelin est avocat, qu'il n'a plus de cause à défendre et qu'il est pauvre. Il dévoile son aptitude à tromper et à mentir, et nous informe de ses intentions. Tous ces éléments sont importants et permettront au spectateur de comprendre les événements qui vont suivre.

Lire

1 Pourquoi Pathelin hésite-t-il quand il arrive à la foire ?

2 En quoi l'échange de politesses est-il nécessaire à Pathelin ?

3 Comment le discours de Pathelin endort-il la méfiance du drapier ? En quoi l'avocat fait-il preuve d'habileté ?

4 À quels indices voit-on que les flatteries de Pathelin agissent sur le drapier ?

5 Comment l'attitude du drapier évolue-t-elle tout au long de la scène ? Par quoi est-ce indiqué ?

6 Pourquoi le drapier accepte-t-il de vendre son drap à crédit ? Où se situe le malentendu ?

7 Comment Pathelin justifie-t-il sa proposition d'emporter lui-même le drap ?

8 Qu'est-ce qui montre que le drapier reste méfiant ?

9 Qu'apprend-on des intentions des personnages dans les deux dernières répliques ? En quoi ces répliques sont-elles comiques ?

Écrire

10 Imaginez le décor de la scène II en distinguant ce qui est indispensable et ce qu'on pourrait ajouter. Justifiez vos choix.

Chercher

11 Relevez dans la scène les mots à double sens qui s'appuient sur la complicité du spectateur.

12 Recherchez les comparaisons qui soulignent la ressemblance du drapier avec sa famille. Sont-elles toujours construites sur le même modèle ?

À SAVOIR

LA FARCE

La farce, genre médiéval très populaire, servait d'intermède au milieu des très longs spectacles religieux, appelés les mystères, et permettait aux spectateurs de se distraire. Le verbe « farcir » est probablement à l'origine de son nom. La farce veut faire rire et joue sur tous les registres du comique, du jeu de mots aux coups de bâton. Elle met en scène des personnages populaires qui se bernent mutuellement. Les personnages trompés n'apitoient pas. Mais le trompeur n'est pas nécessairement sympathique. Pathelin et Agnelet sont tous deux de véritables voleurs ; quant au drapier, sa naïveté et sa bêtise ne masquent pas totalement sa cupidité.

POUR COMPRENDRE

Lire

1 Comment s'exprime la fierté de Pathelin ? Pourquoi ?

2 En quoi la lenteur de compréhension de Guillemette est-elle utile à l'action dramatique ?

3 Quels sont les éléments qui montrent l'assurance de Pathelin pour la suite des événements ?

4 Quel sentiment Pathelin éprouve-t-il pour le drapier ? Justifiez votre réponse en citant le texte.

5 Montrez que, dans le récit, Pathelin s'adresse à un spectateur qui a déjà tout vu. Quel est l'intérêt de ce récit ?

6 Quel portrait Pathelin dresse-t-il du drapier ? Pourquoi est-ce comique ?

7 Pourquoi Guillemette raconte-t-elle l'histoire du corbeau ?

8 Montrez que le rôle de Guillemette évolue du témoin au complice.

Écrire

9 Recherchez et écrivez les didascalies possibles pour mettre en scène cette scène III en proposant deux interprétations différentes du rôle de Guillemette.

10 Écrivez une courte scène de théâtre, à deux personnages, puis faites-la raconter par un des protagonistes à un troisième personnage. Ce récit devra en même temps révéler les intentions réelles du narrateur au cours de la scène de théâtre.

Chercher

11 Recherchez la fable du *Corbeau et le Renard* et comparez les récits que vous avez trouvés et celui de Guillemette. Quelle est l'origine de cette fable ?

À SAVOIR

LA SCÈNE ET L'ACTE

Un texte de théâtre est organisé en scènes et en actes. La scène est déterminée par l'entrée ou la sortie d'un personnage, l'acte est lié à un changement de décor. Dans le théâtre du XVIIe siècle, c'est la structure même de l'intrigue qui justifie ce découpage et qui mène le spectateur de l'exposition au dénouement. *La Farce de Maître Pierre Pathelin* est d'une forme plus simple : elle n'a pas d'actes, et les changements de scène correspondent aux changements de décor. Cette absence d'acte s'explique par la scène médiévale qui présentait simultanément tous les décors. C'est le déplacement de l'acteur sur la scène qui indiquait le changement de lieu.

Lire

1 En quoi le court monologue du drapier fait-il la transition entre les deux scènes (p. 30) ?

2 Pourquoi l'accueil de Guillemette est-il comique ?

3 Pourquoi Guillemette n'informe-t-elle pas immédiatement le drapier de l'état de Pathelin ?

4 En quoi consistent les ruses de Pathelin ? Pourquoi la présence de Guillemette est-elle importante ?

5 Montrez que les répliques de Pathelin dépendent des réactions du drapier ? Pourquoi est-ce plus comique ?

6 L'auteur décide de faire revenir le drapier. Pourquoi ? En quoi ce choix est-il habile ?

Écrire

7 La réplique « Et vous n'avez pas d'oie sur le feu ? » (l. 169) est comique. Par quel jeu de scène pourrait-elle être bien soulignée ?

8 Comment le passage de la ligne 164 à 192 pourrait-il être joué ? Imaginez décors, jeux de scènes, interactivités possibles entre les personnages et les spectateurs.

Chercher

9 Recherchez dans le passage les différentes marques d'indécision du drapier.

10 Recherchez les termes liés à la médecine. Quel auteur de comédies s'est moqué de la médecine ? Dans quelles pièces ?

À SAVOIR

LE DISCOURS DRAMATIQUE

Le théâtre est fait pour être joué mais c'est également un genre écrit, ce qui explique pourquoi le discours théâtral se compose de deux niveaux de lecture :

• Les **didascalies,** appelées également indications scéniques, sont écrites par le dramaturge et ont pour but de donner aux comédiens des clés pour leur jeu de scène. *La Farce de Maître Pierre Pathelin* en présente très peu, laissant ainsi libre cours à l'imagination des interprètes.

• Les **échanges,** au centre de la pièce, sont variés dans leur forme. Répliques (échanges de courte durée) et tirades (échanges plus longs) constituent l'essentiel des dialogues. Elles sont parfois entrecoupées de monologues (tirade dite par un personnage seul sur scène, telle la scène IV) et d'apartés (personnage qui pense à voix haute).

POUR COMPRENDRE

POUR COMPRENDRE

Lire

1 Quel rapport existe-t-il entre les précautions de Pathelin et les deux répliques du drapier (l. 222-233) ?

2 Dans quelle intention Guillemette s'exclame-t-elle « Comme vous criez ! » (l. 232) ?

3 Montrez que l'attitude du drapier est maladroite et facilite le jeu de Guillemette (l. 217 à la fin).

4 Pourquoi peut-on dire que la situation est exagérée ?

5 Comment le spectateur peut-il comprendre que Pathelin s'adresse au drapier de façon insultante ?

6 Quelle forme de comique découle de tous ces langages employés par Pathelin ?

7 Comment Guillemette parvient-elle de nouveau à faire croire au drapier qu'il est fou ? Quelle réplique indique qu'il est très déstabilisé ?

8 À quoi voit-on que le drapier est de plus en plus inquiet ? De quoi a-t-il peur et pourquoi lâche-t-il prise ?

9 Le drapier est-il convaincu par la prestation de Pathelin ? Recherchez les arguments qui le prouvent ou non.

10 De quelles autres répliques peut-on rapprocher cette expression du drapier « Je suis encore plus ahuri que jamais ! » (l. 373-374) ? Que révèle-t-elle de la construction de la pièce ?

Écrire

11 Prenez un des passages non traduits (l. 282-286 ; l. 293-301 ; l. 309-316 ; l. 336-340) et essayez en vous aidant des sonorités et du contexte de reconstituer une traduction.

12 Imaginez les différentes attitudes physiques de Guillemette et du drapier pour faire ressortir le comique de la scène.

Chercher

13 Recherchez les termes qui appartiennent au champ lexical de la parole.

14 Que révélait au Moyen Âge l'utilisation d'une langue qu'on n'avait jamais apprise ? En quoi est-ce éclairant sur l'attitude du drapier ? Quelle réplique le confirme ?

15 Recherchez dans toute la scène V les mots appartenant au champ lexical de la folie.

À SAVOIR

POUR COMPRENDRE

LES PROCÉDÉS COMIQUES DE LA FARCE (1)

LE REGISTRE DE LANGUE
Le registre caractérise le niveau de langue, le type de vocabulaire et de construction grammaticale utilisés par les personnages.

On distingue :
• le **registre familier**, voire **grossier** ; Pathelin l'utilise en particulier quand il s'adresse indirectement au drapier dans la scène V : « Voue-toi à Dieu, couille de Lorraine ! » (l. 349-350).
• le **registre courant** correspondant au parler quotidien ;
• le **registre grave** qui s'utilise dans la tragédie ;
• le **registre soutenu** qu'on va trouver dans la scène où Pathelin flatte le drapier. Le vocabulaire et les tournures de phrases sont plus recherchés : « Réellement, je ne peux pas imaginer comment la Nature, dans ses œuvres, a pu faire deux visages aussi semblables » (Scène II, l. 42-44).

Le contraste créé par une façon de parler inadéquate à une situation donnée ou entre un parler vulgaire et une expression recherchée entraîne un décalage comique. Dans *La Farce de Maître Pierre Pathelin*, l'auteur joue sur les registres très prosaïques ou même grossiers de Pathelin et les oppose au registre courant du drapier et de Guillemette, soulignant ainsi l'incongruité des situations.

Lire

1 En quoi peut-on dire que cette scène est une nouvelle scène d'exposition ?

2 Pourquoi le drapier est-il furieux contre son berger ?

3 Qu'espère le drapier en assignant ainsi son berger ?

4 Quelles remarques montrent que cette scène est dans la continuité des précédentes ?

5 Qu'est-ce qui donne au berger l'impression que son maître est fou ? Pourquoi est-ce comique ?

6 Que voudrait le berger ? Pourquoi ?

7 Pourquoi le drapier refuse-t-il de l'écouter ?

8 À quoi voit-on que le berger est de mauvaise foi ?

9 Dans quelles intentions le berger quitte-t-il son maître ?

Écrire

10 Imaginez la scène entre le berger et « l'excité, vêtu de drap rayé.... » (l. 12) en vous aidant des indications du berger.

Chercher

11 Recherchez dans la scène tous les mots et expressions qui marquent la colère du drapier.

12 Comment s'exprime la colère dans les bandes dessinées : par quelles onomatopées, par quelles attitudes ?

13 Pourquoi peut-on dire que le drapier est la victime idéale de la farce ? Recherchez d'autres exemples de victime dans les farces ou dans les comédies.

14 La farce est un genre que l'on retrouve au cinéma, en particulier dans le cinéma muet. Recherchez des titres de films. Quels en seraient les points communs ?

INTRIGUE, PÉRIPÉTIES ET REBONDISSEMENTS

Un texte de théâtre comprend plusieurs phases. L'intrigue se noue, mettant les personnages dans une situation instable à laquelle il va falloir remédier. Pathelin et Guillemette veulent garder le drap volé, le drapier veut le reprendre, c'est là le nœud de l'intrigue. Cette intrigue se dénoue après plusieurs péripéties ou actions que sont, par exemple, les deux visites du drapier. Enfin, un rebondissement est un nouvel événement qui relance l'action ou en change l'orientation comme, par exemple, l'arrivée du berger.

POUR COMPRENDRE

Lire

1 En quoi le fait que Pathelin soit choisi par le berger annonce le caractère satirique de la pièce ?

2 Quel rôle joue la réplique de Pathelin « Si ce n'est pas lui qui revient, qu'on me pende ! » (l. 2-3) dans l'organisation de la pièce ?

3 Comparez cette scène avec celle où Pathelin marchande le drap (scène II) ; pourquoi peut-on les mettre en parallèle ?

4 Quel trait de caractère du drapier est mis en évidence par le récit du berger ? Surprend-elle le spectateur ? Pourquoi ?

5 À quoi voit-on que le berger est effectivement malin ? Peut-on soupçonner cette qualité dans la scène précédente ? Pourquoi ?

6 À quoi peut-on deviner que le berger est malhonnête ?

7 Quel stratagème Pathelin propose-t-il au berger ? Pourquoi ?

8 Recherchez en quoi le stratagème de Pathelin ressemble à celui qu'il a employé avec le drapier. Sur quoi repose-t-il ?

Écrire

9 Jouez le passage où le berger raconte ses méfaits à Pathelin en inventant des attitudes et des jeux qui souligneraient la roublardise des deux personnages.

10 Imaginez le récit que le drapier aurait pu faire à son avocat des méfaits de son berger.

Chercher

11 Recherchez dans cette scène les éléments d'exagération, qu'ils soient thématiques, lexicaux et stylistiques.

12 Recherchez les termes qui relèvent de la justice.

À SAVOIR

LA SATIRE

La satire est une critique faite sur le mode comique d'une institution, d'un groupe social, ou de mœurs, qu'elle tourne en ridicule. Elle utilise l'humour, mais aussi l'ironie, ou le comique de situation et l'exagération. Elle peut parfois se rapprocher de la caricature en soulignant les défauts d'un trait plus marqué. La scène VII amorce une satire de la justice qui se poursuit dans les scènes suivantes, et qui était déjà annoncée dès la première scène : le personnage de Pathelin, avocat douteux, étant à lui seul une critique de cette institution.

Lire

1 Pathelin et le drapier se sont-ils reconnus au début de la scène ? Justifiez votre réponse.

2 Que provoque la première intervention de Pathelin au tribunal ? Montrez qu'elle donne une unité à la pièce.

3 Comment évolue le discours du drapier ?

4 Quels éléments permettent au quiproquo de s'installer ?

5 Quelles sont les caractéristiques du juge ? Justifiez votre réponse en citant le texte.

6 Pourquoi peut-on parler de satire dans cette scène ? Quels sont les traits satiriques les plus importants ?

7 Comment le juge réagit-il aux incohérences apparentes du drapier ?

8 Les interventions de Pathelin vous paraissent-elles judicieuses et efficaces ? Pourquoi ?

9 Recherchez les maladresses que fait le drapier en exposant sa plainte. Par quoi sont-elles provoquées ? À quoi vont-elles finalement aboutir ?

Écrire

10 Imaginez des jeux de scène qui accroîtront l'effet comique.

11 L'avocat du drapier arrive enfin et interrompt l'audience. On lui donne la parole. Imaginez sa plaidoirie.

Chercher

12 Relevez les éléments comiques du texte.

13 Qu'est-ce qu'un prévenu, une mise en examen, une plaidoirie, un réquisitoire, un non-lieu ?

Lire

1 Montrez que l'hypocrisie de Pathelin et sa mauvaise foi sont constantes dans toute la scène.

2 Pourquoi pourrait-on opposer cette scène à la scène II où Pathelin séduit le drapier ?

3 Qui mène véritablement les débats ? Pourquoi ?

4 Pathelin est très habile à mettre le drapier en difficulté, recherchez des exemples de cette habileté.

5 Comment Pathelin parvient-il à faire du berger une victime ? En quoi l'attitude du drapier favorise-t-elle le jeu de Pathelin ?

6 Comment la prétendue folie du drapier est-elle mise en évidence ? Montrez qu'elle est confirmée par le drapier lui-même.

7 Quel reproche essentiel le juge fait-il au drapier ?

8 La décision du juge vous paraît-elle équitable ? Justifiez votre réponse.

9 Pourquoi Pathelin refuse-t-il de dîner avec le juge ?

10 En quoi peut-on dire que ce jugement est une véritable mascarade ?

Écrire

11 Vous êtes journaliste et devez faire le compte rendu du jugement en le commentant (environ 20 lignes).

12 Montrez en argumentant que ce jugement est injuste.

Chercher

13 Chaque personnage de cette scène se répète à sa façon. Recherchez ces différents types de répétitions.

14 Comment se déroule aujourd'hui un jugement traditionnel au sein d'un tribunal ? Comparez avec celui de la farce.

À SAVOIR

LES PROCÉDÉS COMIQUES (2)

LA RÉPÉTITION ET LES JEUX DE MOTS

• **Le comique de répétition** vient de la reprise significative d'un mot ou d'une expression. Le mot « Bée », unique réplique du berger à la fin de la farce, est riche de sous-entendus comiques et satiriques. Pathelin, le drapier et le juge sont tournés en dérision et le spectateur se fait complice.

• **Le jeu de mots** peut tenir au sens ou aux sonorités ; il utilise l'ambiguïté des mots « moutons » et « brebis », à la fois bêtes à laine ou à viande.

Lire

1 Pourquoi le drapier tutoie-t-il d'abord Pathelin ?

2 Montrez que les réactions de Pathelin face aux demandes du drapier ne sont que des redites des premières scènes. En quoi cela est-il révélateur de la construction de la pièce ?

3 Au début de la scène X, pourquoi Pathelin appelle-t-il le berger par son prénom ?

4 Quels arguments emploie Pathelin pour ramener Agnelet à la raison ?

5 À la fin de la scène X, pourquoi Pathelin parle-t-il d'un « vrai sergent » (l. 56). À quoi fait-il allusion ?

6 En quoi les scènes IX et X constituent-elles un dénouement ? Comment chaque élément de l'intrigue est-il résolu ?

7 Pourquoi l'auteur a-t-il choisi ce dénouement ? En quoi appartient-il au registre de la farce ?

8 Comment expliquez-vous la réaction de Pathelin devant l'attitude du berger ?

9 Quelle morale peut-on tirer de cette farce ?

Écrire

10 Imaginez le discours que Pathelin tiendrait au sergent pour qu'Agnelet soit arrêté.

Chercher

11 Recherchez dans les scènes précédentes les éléments laissant prévoir ce dénouement.

12 Recherchez dans la pièce les différents indices qui rapprochent les scènes les unes des autres et contribuent à créer une construction rigoureuse et bien organisée.

LE DÉNOUEMENT

Amené par différentes péripéties et actions tout au long de la pièce, le dénouement met un terme à l'intrigue, laissant place à la joie dans une comédie, à la tristesse dans une tragédie, ou tantôt l'une tantôt l'autre dans un drame. Le dénouement fait office de conclusion et présente une certaine moralité.

LE COMIQUE

Le groupement de textes qui suit illustre les quatre types traditionnels de comique que le théâtre a exploités au cours de son histoire :
– le comique de mots, fondé sur l'exploitation du langage : jeux sur les mots et les sonorités, les calembours, les répétitions ;
– le comique de gestes : chute inattendue d'un personnage, choc contre un objet, coups de bâton ;
– le comique de situation lié au déguisement et au quiproquo ;
– le comique de caractère qui met en scène un ridicule ou l'obsession d'un personnage.

Plaute (≈ 254-≈ 184 -J.-C.)

Casina, acte IV, scène 4
Casina joue sur le comique de situation. Un riche vieillard, Lysidame, espère profiter de l'épouse qu'il donne à l'un de ses fermiers esclaves, Olympion. La jeune femme, qui n'est en réalité qu'un homme déguisé en femme par les soins de la femme légitime de Lysidame, arrive, conduite par Pardalisque, une servante.

PARDALISQUE : **Allons, Olympion, puisque tu veux prendre femme, reçois celle-ci de nos mains.**

OLYMPION, *avec impatience* : **Donnez-la donc, si vous voulez me la donner pour femme aujourd'hui !**

LYSIDAME *au cortège* : **Rentrez, vous autres.**

PARDALISQUE : **Elle est pure et innocente ; je t'en prie, ménage-la.**

OLYMPION : Ce sera fait. Bonne santé.

LYSIDAME : Allez maintenant, allez-vous-en.

CLÉOSTRATE : Bonne santé, adieu. (*Elle rentre avec Pardalisque.*)

LYSIDAME, *à Olympion* : Ma femme est-elle partie ?

OLYMPION : Elle est rentrée, n'aie pas peur.

LYSIDAME : Vivat ! enfin morbleu, enfin me voilà libre. (*À la mariée.*) Mon petit cœur ! mon doux miel ! mon joli printemps !

OLYMPION, *le repoussant* : Holà, s'il te plaît ! prends garde à toi, tu feras bien. Elle est à moi.

LYSIDAME : Je le sais. Mais c'est à moi avant toi qu'en revient l'usufruit.

OLYMPION : Tiens ce flambeau.

LYSIDAME, *embrassant la mariée* : J'aime bien mieux la tenir, elle. Vénus toute-puissante, que de bonheurs tu m'as donnés en m'assurant la possession de ce trésor ! Ô les jolies formes si mignonnes !

OLYMPION, *s'approchant à son tour* : Ma petite femme... Hein ? Aïe !

LYSIDAME : Qu'y a-t-il ?

OLYMPION : Elle m'a marché sur le pied ; on dirait un éléphant.

LYSIDAME : Tais-toi donc. Une vapeur est moins douce à toucher que sa poitrine.

OLYMPION, *s'approchant de nouveau de la mariée* : Ah ! le joli petit téton !... Aïe, misère de moi !

LYSIDAME : Qu'est-ce encore ?

OLYMPION : Elle m'a enfoncé son coude dans l'estomac... Ce n'est pas un coude, c'est un bélier.

LYSIDAME : C'est ta faute aussi : pourquoi y vas-tu si brutalement ? Moi, qui la caresse gentiment, elle est gentille avec moi... (*Quittant vivement Casina.*) Oh ! la !

OLYMPION : Qu'est-ce que tu as ?

LYSIDAME : Miséricorde ! quelle vigueur elle a, cette petite ! d'un coup de coude elle m'a presque couché par terre.

OLYMPION : Hé bien, c'est qu'elle veut s'aller coucher.

LYSIDAME : Alors, qu'est-ce que nous attendons ?

OLYMPION *à Casina* : Va, ma gentille petite ; va gentiment. (*Ils entrent chez Alcésime.*)

Carlo Goldoni (1707-1793)

Le Vieux Boute-en-train (1757), acte II, scène 9

Traccagnino se fait passer pour un médecin auprès de son maître, malade imaginaire. Afin de mieux l'abuser, il fait semblant de bégayer. Ces dialogues jouent sur le comique de langage.

Scène 9

TRACCAGNINO, *déguisé en médecin, boiteux, et les autres.*

TRACCAGNINO : Qui qui qui qui qui qui...

CELIO, *à Argentina* : Quelle langue est-ce qu'il parle ?

ARGENTINA : Laissons-le terminer.

TRACCAGNINO : Qui qui qui qui qui ma ma ma m'a ap ap ap appelé ?

CELIO, *à Argentina* : Il est bègue.

ARGENTINA : Un peu, oui, on dirait.

CELIO : Boiteux et bègue.

ARGENTINA : Mais c'est un homme très bien.

CELIO : On va voir.

ARGENTINA, *à part* : Ce sera un miracle si je n'éclate pas de rire.

CELIO : C'est moi, monsieur, qui me suis permis de vous déranger parce que je crois bien que je suis malade.

TRACCAGNINO : Si si si si si si...

CELIO : Il me donne des palpitations.

Le comique

TRACCAGNINO : Si si si si si...

CELIO : Si si si, si vous vouliez bien me prendre le pouls.

TRACCAGNINO : Mau mau mau mau mau mau...

CELIO : Vite, s'il vous plaît.

TRACCAGNINO : Mau mau mau mauvais.

ARGENTINA, *à part* : La peste t'emporte.

CELIO : Mauvais comment ? Très mauvais ? Monsieur le docteur, qu'est-ce qu'il annonce comme maladie mon pouls ?

TRACCAGNINO : Une apo apo apo apo...

CELIO : Apopo ?...

TRACCAGNINO : Apopo…

CELIO : Apoplé ?...

TRACCAGNINO : Apoplé…

CELIO : Apoplexie ?

TRACCAGNINO : Apo po po plé...

CELIO : Ça suffit, j'ai compris. Vite, au secours, je vous en supplie.

ARGENTINA : Monsieur le docteur, pour l'amour du ciel, sauvez la vie de mon pauvre maître. Il est généreux, il récompensera votre savoir avec largesse.

CELIO : Oui monsieur, votre frère a dû vous dire que pour vous remercier de vous être dérangé, je vous donnerai un sequin.

TRACCAGNINO : C'est tro tro tro, c'est tro tro...

CELIO : Mais non, ce n'est pas trop, ne protestez pas.

ARGENTINA : Il n'a pas voulu dire « c'est trop », il voulait dire « c'est trop peu ».

CELIO : Si c'est trop peu, dites-le-moi. Ce sera ce que vous voudrez. Voilà, cette bourse est pour vous.

TRACCAGNINO : Qué qué qué... qua qua qua... qui qui qui... (*Il fait une révérence et tend la main pour avoir sa récompense.*)

CELIO : À présent, prescrivez-moi ce que je dois faire pour me sortir de là.

TRACCAGNINO : Ré ré ré ré ré...

CELIO : De la réglisse, peut-être ?

ARGENTINA : Non, il veut dire *recipe*.

CELIO : Bon, *recipe*, mais quoi ?

TRACCAGNINO : Ss ss ss ss ss ss...

CELIO : Salsepareille ?

TRACCAGNINO : Non. Ss ss ss...

ARGENTINA : Il veut dire sang.

TRACCAGNINO : Oui oui.

CELIO : *Recipe* sang ? *Recipe* veut dire prendre : il faut que je prenne du sang ?

ARGENTINA, *à part* : Oh là là, le méli-mélo qu'on fait tous les deux !

TRACCAGNINO : (*Il montre un flacon.*) Ce ce ce ce...

ARGENTINA : Ce flacon.

CELIO : Ce flacon, d'accord, et alors ?

TRACCAGNINO : Lav lav lav...

CELIO : Laver ?

TRACCAGNINO : Lav lav lav...

ARGENTINA : L'avaler. Vous devez le boire.

TRACCAGNINO : Ava ava ava...

CELIO : Ava ava ava...

TRACCAGNINO : Ava ava avalez.

CELIO : Mais qu'est-ce que c'est ? Qu'est-ce que vous me faites boire ?

TRACCAGNINO : Dess dess dess dess...

ARGENTINA : Ah ! j'y suis ! Des sels.

TRACCAGNINO : De de de de...

CELIO : De quoi ?

TRACCAGNINO : De co co co co...

CELIO : De coca ?

TRACCAGNINO : De co co co...

CELIO : De cornichon ?

TRACCAGNINO : (*Il s'énerve.*) De co co co...

CELIO : De come ?

TRACCAGNINO : Co co co co co co.... (*Il fait des révérences.*)

CELIO : Et cela se prend comment ?

TRACCAGNINO : Co co co co co co...

CELIO : Co co co co co. Je ne vous comprends pas.

ARGENTINA, *à part* : Il est malin comme un diable, il bafouille, et comme ça, il ne dit pas un mot, c'est commode.

Alfred Jarry (1873-1907)

Ubu roi (1896), acte IV, scène VI

Cette farce du début du siècle utilise les ressorts comiques du genre pour raconter un coup d'État fomenté par le Père Ubu, personnage grossier, lâche et cruel.

Dans cette scène, Ubu, après s'être fait battre par les Russes, en compagnie de deux de ses soldats en déroute, se retrouve dans une position ridicule face à un ours et fait preuve de toute la lâcheté dont il est capable.

Scène VI

COTICE, PÈRE UBU, PILE, *entre* UN OURS.

COTICE : Hon, Monsieuye des Finances !

PÈRE UBU : Oh ! tiens, regardez donc le petit toutou. Il est gentil, ma foi.

PILE : Prenez garde ! Ah ! quel énorme ours. Mes cartouches !

PÈRE UBU : Un ours ! Ah ! l'atroce bête. Oh ! pauvre homme, me voilà mangé. Que Dieu me protège. Et il vient sur moi. Non, c'est Cotice qu'il attrape. Ah! je respire. (*L'ours se jette sur Cotice, Pile l'attaque à coups de couteau. Ubu se réfugie sur un rocher.*)

COTICE : À moi, Pile, à moi ! au secours, Monsieuye Ubu !

PÈRE UBU : Bernique ! Débrouille-toi, mon ami ; pour le moment, nous faisons notre Pater Noster. Chacun son tour d'être mangé.

PILE : Je l'ai, je le tiens.

COTICE : Ferme, ami, il commence à me lâcher.

PÈRE UBU : Sanctificetur nomen tuum.

COTICE : Lâche bougre !

PILE : Ah ! il me mord ! Ô Seigneur, sauvez-nous, je suis mort.

PÈRE UBU : Fiat volontas tua.

COTICE : Ah! j'ai réussi à le blesser.

PILE : Hurrah! il perd son sang. (*Au milieu des cris des Palotins, l'ours beugle de douleur et Ubu continue à marmotter.*)

COTICE : Tiens-le ferme, que j'attrape mon coup-de-poing explosif.

PÈRE UBU : Panem nostrum quotidianum da nobis hodie.

PILE : L'as-tu enfin, je n'en peux plus.

PÈRE UBU : Sicut et nos dimittimus debitoribus nostris.

COTICE : Ah! je l'ai. (*Une explosion retentit et l'ours tombe mort.*)

PILE *et* COTICE : Victoire !

PÈRE UBU : Sed libera nos a malo. Amen. Enfin, est-il bien mort ? Puis-je descendre de mon rocher ?

PILE, *avec mépris* : Tant que vous voudrez.

PÈRE UBU, *descendant* : Vous pouvez vous flatter que si vous êtes encore vivants et si vous foulez encore la neige de Lithuanie, vous le devez à la vertu magnanime du Maître des Finances, qui s'est évertué, échiné et égosillé à débiter des patenôtres pour votre salut, et qui a manié avec autant de courage le glaive spirituel de la prière que vous avez manié avec adresse le temporel de l'ici présent Palotin Cotice coup-de-poing explosif. Nous avons même poussé plus loin notre dévouement, car nous n'avons pas hésité à monter sur un rocher fort haut pour que nos prières aient moins loin à arriver au ciel.

PILE : Révoltante bourrique.

PÈRE UBU : Voici une grosse bête. Grâce à moi, vous avez de quoi souper. Quel ventre, messieurs ! Les Grecs y auraient été plus à l'aise que dans le cheval de bois, et peu s'en est fallu, chers amis, que nous n'ayons pu aller vérifier de nos propres yeux sa capacité intérieure.

Karl Valentin (1882-1948)

La Vente de la maison (1940)

Karl Valentin, homme de théâtre viennois, a écrit de nombreuses scènes dont le comique naît à la fois du jeu de mots et de l'absurde d'une situation poussée au paroxysme. *La Vente de la maison* est un sketch de café-théâtre, extrait du recueil *Vols en piqué dans la salle.*

VALENTIN : Bonjour, vous désirez ?

KARLSTADT : Je viens à cause de la maison.

VALENTIN : Vous voulez dire à cause de la maisonnette ?

KARLSTADT : Dans le journal c'est écrit maison.

VALENTIN : Non, c'est une petite maison, une maisonnette, une petite maisonnette.

KARLSTADT : Est-ce qu'elle est en plein air, la maisonnette ?

VALENTIN : Ben, elle est là !

KARLSTADT : Je viens à la suite de l'annonce du journal ; elle est bien à vendre, la maison ; c'est ça, la maison ?

VALENTIN : Oui ! je ne la vends pas de bon cœur, mais je serai bien content d'en être débarrassé.

KARLSTADT : Combien d'étages est-ce qu'elle a, la maison ?

VALENTIN : Aucun, rez-de-chaussée seulement.

KARLSTADT : Elle est habitée ?

VALENTIN : Pas pour le moment puisque je suis dehors.

KARLSTADT : Combien de pièces ?

VALENTIN : Une seule – en revanche, pas d'escalier, pas de cage d'escalier.

KARLSTADT : C'est un coin tranquille ici ?

VALENTIN : Oui. En hiver on n'entend même pas la chute des flocons de neige ; en été, en revanche, il y a beaucoup de fourmis, mais elles marchent sans bruit.

KARLSTADT : Comment est-ce pour les conditions sanitaires ?

VALENTIN : Des sanitaires, il n'y en a pas dans la maison.

KARLSTADT : Ah, mais quand on...

VALENTIN : La forêt est à cinq minutes.

KARLSTADT : Ah, mais la nuit ?

VALENTIN : Toujours cinq minutes.

KARLSTADT : Quand est-ce que vous avez emménagé dans cette maison ?

VALENTIN : Le lendemain.

KARLSTADT : Si tôt déjà ! Et comment est-ce pour l'éclairage ? Gaz ou électricité ?

VALENTIN : Dans la maison et dehors – partout l'électricité !

KARLSTADT : Mais je ne vois nulle part de fils électriques.

VALENTIN : Rien qu'une lampe de poche électrique, ça s'allume partout.

KARLSTADT : Quel âge a-t-elle la maison ?

VALENTIN : Je ne sais pas, je ne lui ai jamais demandé.

KARLSTADT : Il y a des hypothèques dessus ?

VALENTIN : Non, juste une cheminée.

KARLSTADT : Que signifient ces quatre cloisons ?

VALENTIN : C'est pour soutenir.

KARLSTADT : Soutenir quoi ?

VALENTIN : Le toit de la maison.

KARLSTADT : Il y a de la vermine dans la maison ?

VALENTIN : Non, je suis célibataire.

KARLSTADT : Aha !

Le comique

VALENTIN : Oui !

KARLSTADT : Est-ce que vous attachez...

VALENTIN : Pas moi.

KARLSTADT : Attendez donc que...

VALENTIN : Je vous en prie !

KARLSTADT : Est-ce que vous attachez...

VALENTIN : Non – mais mes casseroles attachent.

KARLSTADT : Est-ce que vous attachez de l'importance à ce que la maison soit vendue bientôt ?

VALENTIN : Non, immédiatement – dans un bientôt immédiat !

KARLSTADT : Ensuite vous allez vous acheter une nouvelle maison ?

VALENTIN : Jamais plus ! Je cherche une très vieille mine profonde de mille mètres pour la louer.

KARLSTADT : Et vous voulez l'habiter ?

VALENTIN : Ça va de soi !

KARLSTADT : Mais c'est étrange !

VALENTIN : C'est vrai – mais c'est la sécurité !

KARLSTADT : Contre quoi ?

VALENTIN : Contre les météores.

KARLSTADT : Mais les météores, c'est tout à fait exceptionnel.

VALENTIN : C'est vrai, mais pour moi la sécurité passe avant l'exception.

BIBLIOGRAPHIE
Ouvrages généraux
Sur le théâtre

– *Le Théâtre*, sous la direction de Daniel Couty et Alain Rey, Bordas, 1980.

– André Degaine, *Histoire du théâtre dessinée*, Nizet, 1995.

– *Le Théâtre en France des origines à nos jours*, sous la direction d'Alain Viala, PUF, 1997.

– Aline Geyssant, Nicole Guteville, Asifa Razack, *Le Comique*, Ellipse, 2000.

– Madeleine Lazard, *Le théâtre en France au xvie siècle*, PUF, 1980.

– « Le jeu théâtral, ses marges, ses frontières », Actes de la deuxième rencontre sur l'ancien théâtre européen de 1997, Honoré Champion, 1999.

– « Les Chemins de Saint Jacques », TDC n° 734, 15 au 30 avril 1997.

– « Troubadours au Moyen Âge », BT n° 1111, octobre 1999.

Sur le jeu théâtral à l'école

– Jean-Claude Landier et Gisèle Barret, *Expression dramatique au théâtre*, Hatier Pédagogie, 1999.

– T. P. Jullien et G. Rault, *Le Théâtre au collège*, « Chemin de formation », Magnard, 1999.

Sur la littérature au Moyen Âge

– Michel Zink, *Littérature française du Moyen Âge*, PUF, 1992.

– Michel Zink, *Introduction à la littérature française du Moyen Âge*, Le Livre de Poche Références, n° 500, 1990.

– Michel Stanesco, *Lire le Moyen Âge*, Dunod, 1998.

Sur le Moyen Âge

– *Vocabulaire historique du Moyen Âge*, sous la direction de François-Olivier Touati, La Boutique de l'histoire éditions, 2000.

– Robert Delort, *La Vie au Moyen Âge*, Points Histoire, H 62, 1982.

– « Vivre au Moyen Âge », Historia spécial, n° 43, juillet-août 1996.

– Alain Derville, *La Société française au Moyen Âge*, Histoire Septentrion Presses universitaires, 2000.

– Albert Mallet et Jules Isaac, *L'Histoire*, Marabout, 1961.

– Georges Duby, *Histoire de la France des origines à 1348*, Larousse, 1991.

– Georges Duby, *Histoire de la France de 1348 à 1852*, Larousse, 1991.

– Dominique Guillemet, Claude Jolly, Roger Sailly, *Poitiers, histoire d'une ville en bande dessinée*, Chambre économique de Poitiers, 1998.
– *Atlas illustré du Moyen Âge*, Nathan, 1980.
– Sarah Howarth, *Entrez dans le Moyen Âge* (adaptation française de Jean Bertrand), Gründ, 1993.
– *Documents et civilisation du Moyen Âge à 1944*, Hachette, 1974.
– Andrew Langley, *Vivre au Moyen Âge*, Les yeux de la Découverte Gallimard, N° 66, 1996.
– Pierre Miquel, *Au temps des chevaliers et des châteaux forts*, « La Vie privée des hommes », Hachette Jeunesse, 1990.
– « Les villes au Moyen Âge », Arkeo junior, n° 71, janvier 2001.

CONSULTER INTERNET

• *La comédie française*
http ://www.comedie-francaise.fr/
• *Musée national du Moyen Âge – Thermes et hôtel de Cluny*
http ://www.musee-moyenage.fr/

Dans la collection

Classiques & Contemporains

Couverture

Conception graphique : Marie-Astrid Bailly-Maître
Illustration : Gravure sur bois, Éditions Pierre Levet, Paris, 1489 ; mise en couleurs par Magnard

Intérieur

Conception graphique : Marie-Astrid Bailly-Maître
Réalisation : Nord Compo, Villeneuve d'Ascq

© **Éditions Magnard, 2001 – Paris**

www.magnard.fr

Aubin Imprimeur
LIGUGÉ, POITIERS

Achevé d'imprimer en juillet 2006
N° d'édition 2006/319 / N° d'impression L 70152
Dépôt légal juin 2001 / Imprimé en France